高职院校"十二五"学前教育专业规划教材
高职高专学前教育专业理实一体化立体教材

纸艺基础教程

主　编　徐茜语
编　委（以姓氏拼音为序）
　　　　李　蔚　乔　莉　盛　丽
　　　　王红娟　徐建霞　叶春荣
　　　　庄亦邻

南京大学出版社

图书在版编目（CIP）数据

纸艺基础教程 / 徐茜语主编. -- 南京：南京大学出版社，2018.10（2021.1重印）
 ISBN 978-7-305-21095-2

Ⅰ.①纸… Ⅱ.①徐… Ⅲ.①学前教育–纸工–技法（美术）–幼儿师范学校–教材 Ⅳ.①G613.6

中国版本图书馆CIP数据核字（2018）第239837号

出版发行	南京大学出版社
社　　址	南京市汉口路22号　　邮　编　210093
出 版 人	金鑫荣

书　　名	纸艺基础教程
主　　编	徐茜语
责任编辑	丁　群　钱梦菊　　编辑热线　025-83597482

照　　排	南京新华丰制版有限公司
印　　刷	南京人民印刷厂有限责任公司
开　　本	787×1092　1/16　印张 7.5　字数 118千
版　　次	2018年10月第1版　2021年1月第2次印刷
ISBN	978-7-305-21095-2
定　　价	45.00元

网　　址	http://www.njupco.com
官方微博	http://weibo.com/njupco
微信服务号	njuyuexue
销售咨询	025-83594756

扫码可获取：
学生作品、教学资源、制陶视频

* 版权所有，侵权必究
* 凡购买南大版图书，如有印装质量问题，请与所购图书销售部门联系调换

目 录

第一章 纸艺概述

一、纸艺的概念 ……………………………………………… 2

二、纸艺的类别 ……………………………………………… 2

第二章 剪 纸

第一节 剪纸概述 ……………………………………………… 8

 一、剪纸的概念 …………………………………………… 8

 二、剪纸的类别 …………………………………………… 8

 三、剪纸的文化内涵 ……………………………………… 12

 四、剪纸的语言符号 ……………………………………… 13

 五、剪纸的工具与材料 …………………………………… 16

 六、剪纸的制作方法与步骤 ……………………………… 16

 七、剪纸粘贴（装裱）技法 ……………………………… 17

第二节 折叠剪纸 ……………………………………………… 17

 一、对称剪纸 ……………………………………………… 17

 二、二方连续剪纸 ………………………………………… 18

 三、团花剪纸 ……………………………………………… 20

第三节 染色剪纸 ……………………………………………… 23

 一、染色剪纸概述 ………………………………………… 23

 二、染纸的制作技法 ……………………………………… 24

三、染纸的方法步骤 ·· 24

　　四、学生染纸作品欣赏 ·· 26

　　五、染纸主题设计作品欣赏 ··· 30

第四节　套色剪纸 ·· 32

　　一、套色剪纸的概念 ·· 32

　　二、套色剪纸的类别 ·· 32

　　三、套色剪纸制作方法 ·· 33

　　四、学生作品欣赏 ·· 33

第三章　折　纸

第一节　折纸概述 ·· 36

　　一、常用的折纸符号 ·· 36

　　二、几种基本折法 ·· 37

第二节　折纸图例 ·· 39

　　一、单个折纸形象的折叠步骤 ·· 39

　　二、折纸主题创作 ·· 44

第三节　折纸三角插 ·· 45

　　一、三角片基本折法 ·· 45

　　二、三角片收纳方法 ·· 46

　　三、学生三角插作品欣赏 ·· 49

第四章　纸条的平面编织

　　一、纸条编织 ·· 53

　　二、编织图案、花纹的方法步骤 ·· 55

　　三、学生平面编织作品欣赏 ·· 58

四、纸条编织在幼儿园手工教学中的应用 ················· 62

第五章　纸浮雕

第一节　纸浮雕概述 ················· 66
　　一、纸浮雕的概念 ················· 66
　　二、纸浮雕的工具材料 ················· 66
　　三、纸浮雕几种基本技法 ················· 66
第二节　卡纸画框 ················· 71
　　一、卡纸画框的工具材料 ················· 71
　　二、卡纸画框的制作方法与步骤 ················· 71
　　三、学生纸浮雕作品装裱画框后欣赏 ················· 73

第六章　纸艺花卉

第一节　纸艺花卉用的常用工具材料 ················· 78
　　一、常用工具 ················· 78
　　二、常用材料 ················· 78
　　三、辅助材料 ················· 79
第二节　纸艺花的制作 ················· 80
　　一、勿忘我 ················· 80
　　二、郁金香 ················· 81
　　三、铃兰 ················· 83
　　四、格桑花 ················· 85
　　五、水仙花 ················· 87
　　六、非洲菊 ················· 89
　　七、玉兰花 ················· 91

八、虞美人 ················· 93

九、凌霄花 ················· 95

十、马蹄莲 ················· 97

十一、月季花 ··············· 99

十二、玫瑰 ················· 102

十三、牡丹 ················· 105

十四、蝴蝶兰 ··············· 109

十五、桔梗花 ··············· 111

第一章 纸艺概述

一、纸艺的概念

纸艺，广义指包括造纸艺术在内的所有与纸有关的工艺；狭义指的是以各种纸张、纸材质为主要材料，通过剪、刻、撕、拼、叠、揉、编织、压印、裱糊、印刷、装帧、装置或者高科技（如激光）等手段制作而成的平面或者立体的艺术品和纸艺作品。

纸艺，源远流长，生生不息。最早可以追溯到公元前3000年古埃及尼罗河流域，直至我国东汉蔡伦发明造纸术后才出现了明确意义上的纸艺。纸艺这几年来在世界范围内流行起来，除了因为纸材料价廉易得之外，纸本身的可塑性也相当高，是极佳的美术创作素材。

二、纸艺的类别

纸艺纸品的类型很多，按照不同的纸材、使用工具及其制作技法可以将纸艺分为以下几种类别：

1. 传统纸雕

类似于雕塑，纸雕包括纸透雕、纸浮雕和纸圆雕。纸透雕是指包括传统剪纸在内的纸的平面镂空艺术。纸浮雕又分为浅浮雕和深浮雕，是通过一定折、卷、切、搓等技法使作品呈现凹凸变化的纸艺作品。纸圆雕，也叫纸的全立体造型，是可以从四面八方全角度欣赏的纸艺作品，如纸模型。

剪纸（纸透雕）

半立体装饰画（纸浮雕）

纸模型（纸圆雕）

2. 激光打印纸雕

激光打印纸雕相对传统纸雕来说，用电脑绘图代替用笔绘图，用激光打印机代替手工雕刻，是利用先进机器设备和科技制作的一种符合现当代年轻人审美趣味的纸艺作品，常见的有立体刻画、立体贺卡等。

立体刻画　　　　　　向日葵立体贺卡　　　　　　婚庆贺卡

3. 立体纸花

立体纸花属于纸的全立体造型，最常见的是纸藤花。这是从台湾地区流传开来的，使用台湾纸藤来制做。纸藤是一种被扭成绳状的纸，将其展开后来制作纸花，一般宽度为9～11厘米，它的特点是：韧性好，挺度好，色彩鲜艳，手感柔软，不易破损和褪色，易造型，十分适合制作纸花，最重要的是，它有自然的线条纹理，这是其他纸张无法比拟的，这种纹理使得花朵更逼真、美观。除了纸藤花外，还有绵纸、手揉纸、皱纹纸等都广泛应用于纸花工艺。

凌霄花（皱纹纸）　　　　蝴蝶兰（纸藤）　　　　月季花（手揉纸）

4. 折纸

折纸是大众最为熟知的一种纸艺了，它是一种将纸张折成各种不同形状的艺术活动。生活中常见的纸张一般都可以随手拿过来折叠，几乎每个人童年时都接触过折纸，例如，折纸飞机、千纸鹤等，现在折纸的花样越来越繁多，折纸花卉、折纸帖画、折纸礼盒等，都美轮美奂。

恐龙（折纸）　　　　　纸火车（三角插折）　　　　花球（折纸）

5. 纸蕾丝

纸蕾丝又叫帕吉门，是西班牙流传的一种工艺，以前是在羊皮上制作的一种工艺，主要用来装饰教堂，现在衍变成在羊皮纸上制作，因其可以做出各种精致的蕾丝效果，所以又称纸蕾丝刺绣。19世纪开始此工艺在世界各地流行开来，成为时尚风气。羊皮纸纤维强韧，又有剔透之美的特质，塑造的技巧可以做成卡、书签、礼盒、装饰画、餐桌装饰、灯罩、立体花束等。目前纸蕾丝使用的纸张为描图用的硫酸纸，其也是画工笔国画描绘用纸。

猫头鹰　　　　　　　　装饰画　　　　　　　　折扇

6. 衍纸艺术

衍纸艺术发源于18世纪，是流传于英国王室贵族间的一种艺术，是利用纸的截面来勾画画面。彩色的细长纸条通过卷、搓、刮等方法呈现出各种线条、几何块面等，常被运用于卡片、包装装饰、装饰画、装饰品等。然后通过粘贴组合就会变化出各种工艺品。

海星　　　　　　　　　孔雀　　　　　　　　　牡丹

7. 纸艺包装

随着人们生活水平的不断提高，礼盒、生活用品等的包装越来越受到欢迎与重视，形形色色的纸张也就成了包装的主要材料之一，给生活带来更多的美丽与惊喜！

第二章 剪纸

第一节 剪纸概述

一、剪纸的概念

剪纸是我国传统文化艺术，隶属于民间工艺范畴。剪纸（也叫刻纸或窗花）是在非常薄的平面介质上创造的镂空艺术。在纸产生之前，人类就曾在陶器、玉器、金银箔、树皮、皮革、毛毡上制作镂空图形，这可以看作是早期的非纸剪纸。

汉代蔡伦发明造纸术后，造纸业发展很快，随之出现了真正的剪纸。

我国目前发现最早的剪纸是《对马》与《对猴》团花剪纸，它们出土于新疆高昌，距今已有1400多年历史。

 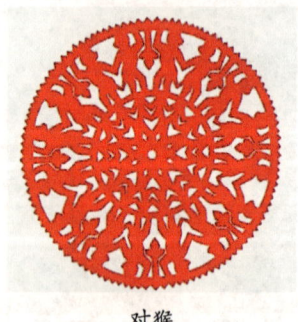

对马　　　　　　　　　　　对猴

剪纸有着重要的艺术价值、实用价值和收藏价值。2006年5月20日，剪纸艺术经国务院批准被列入《第一批国家级非物质文化遗产名录》。2009年9月30日，中国剪纸经联合国教科文组织保护非物质文化遗产政府间委员会的审批列入第四批《人类非物质文化遗产代表作名录》。

对于学前教育专业的学生来说，剪纸技巧既可以作为幼儿园环境创设的技法来使用，又可以用于儿童美术欣赏与指导幼儿手工教学。

二、剪纸的类别

1. 按照表现内容分

可分为人物剪纸、动物剪纸、花卉剪纸、风景剪纸、静物剪纸、脸谱剪纸等。

人物剪纸	动物剪纸	花卉剪纸
风景剪纸	静物剪纸	脸谱剪纸

2. 按照技法分

可分为剪、刻、撕、烧制、针戳等。

剪　　　　　刻　　　　　撕

香烧制　　　针戳

3. 按照色彩分

可分为单色剪纸、染色剪纸和套色剪纸等。

　　单色剪纸　　　　　　染色剪纸　　　　　　套色剪纸

4. 按照地域分

可分为南方剪纸和北方剪纸。

　　南方剪纸　　　　　　北方剪纸

概括地说，北方剪纸热情浑厚，南方剪纸精巧秀美。它们都具有剪纸的共同特点，即线条的连续性、构图造型图案化。

5. 按照使用功能分

可分为分为窗花、门笺和花样。

  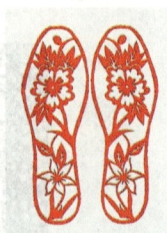

　　窗花　　　　　　　　门笺　　　　　　　　花样

6. 按照表现形式分

可分为阳刻剪纸、阴刻剪纸、阴阳刻结合剪纸、剪影以及折叠剪纸。

阳刻剪纸讲究线线相连，在纸上画好稿样后，把底子剪去，留下剪纸的线条，像印章的朱文一样。阳刻出来的剪纸作品精巧、细腻、雅致。它的每一条线都是相互连接的，牵一发将动全身。

阴刻剪纸讲究线线断开，在纸上画好稿样后，把线条剪去，留下大的块面，像印章中的阴文一样。阴刻出来的剪纸作品古朴、厚重、粗犷。它的线条不一定是互连的，作品的整体是块状的。

剪纸创作绝大多数采取阴阳刻结合的手法，画面中阴阳有机结合、相伴出现，会使作品丰富生动，对比鲜明，富于变化。

剪影只剪物体的外轮廓，内部不添加细节和剪纸符号，是一种特殊的剪纸形式。

折叠剪纸又分为对称剪纸、二方连续剪纸、四方连续剪纸以及团花剪纸。这是将纸张经过不同折叠后再进行剪刻的方法。

阳刻剪纸　　　　阴刻剪纸　　　　阴阳刻结合技法剪纸　　　剪　影

对称剪纸　　　　团花剪纸　　　　四方连续剪纸

二方连续剪纸

三、剪纸的文化内涵

中国传统文化艺术内涵用现代的话说都很"高大上",正所谓图必有意,意必吉祥。民间剪纸之所以已能够长久广泛地流传,"纳福迎祥"的表现功能是其主要原因。古代地域的封闭和文化的局限,以及自然灾害等逆境的侵扰,激发了人们对美满幸福生活的向往与渴求。人们祈求丰衣足食、人丁兴旺、健康长寿、万事如意,这些朴素的愿望便借托剪纸传达出来。我们可以从剪纸的寓意性、象征性和谐音三方面来解读一幅剪纸的文化内涵。

1. 剪纸的寓意性

是指用特定的事物来寄寓所要表达的内容。例如:

《狮子滚绣球》:狮子滚绣球,好运在后头　　《三多图》:桃子寓意多寿、佛手寓意多福、石榴寓意多子

2. 剪纸的象征性

是指用物体的特定形态来表示所要表达的内容。例如:

《心心相印》:利用两个心形相互重叠来表达夫妻情投意合的情感　　《幸福绵长》:利用盘长(中国结)的形态弯曲迂回无始无终的特征,象征幸福长久之意

3. 剪纸的谐音性

许多剪纸是采用汉语词语中的谐音特点来表达寓意。例如：

《事事平安》：利用"柿"与事情的"事"的谐音　　　《莲年有余》："莲"同"连"；"鱼"同"余"

四、剪纸的语言符号

如阿拉伯数字 0～9，外语的 26 个英文字母，汉字里面的点、横、竖、撇一样，剪纸也有自己独特的语言形式，只有丰富的剪纸语言才能创作出漂亮的剪纸作品。常用的剪纸语言符号如下：

1. 圆眼形

主要用于人物、动物的眼睛和花芯等部位。

2. 月牙形

主要用于人物、动物的眉毛、眼睛、衣纹褶皱等部位。

3. 锯齿形

主要用于有毛发的动物和有刺的植物。

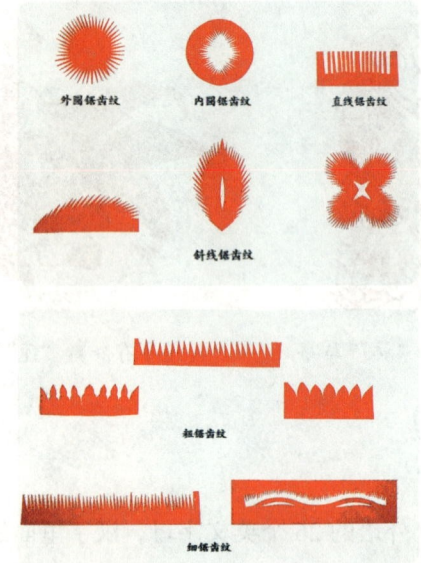

4. 柳叶形

主要用于树叶、草以及花瓣层次等部位。

5. 水滴形

主要在于表现花朵的形状和层次等。

6. 鳞型纹

主要应用于鱼、龙、凤、麒麟等有鳞的动物身上。

7. 水波纹

8. 云形纹

9. 其他

除以上八种基本符号外，还有一些剪纸常用基础纹样，它们在剪纸里相当于汉语中的成语，可以直接拿过来运用在剪纸中。

剪纸的基本语言在下列剪纸中的运用：

五、剪纸的工具与材料

工具：剪刀、刻刀或美工刀、蜡盘活或切割垫、铅笔、磨刀石。

材料：蜡光纸、宣纸（熟宣和生宣都可）、手工折纸、卡纸等。

六、剪纸的制作方法与步骤

（1）画稿。

（2）添画剪纸语言符号。

（3）把要剪刻掉的部分描黑，区分阴阳块面关系。

（4）把稿纸和需要剪刻的纸用订书机订在一起，然后进行剪刻。

七、剪纸粘贴（装裱）技法

（1）

（2）

（3）

（4）

（5）

1.如图（1）取两张大小一致的背景卡纸（颜色可不同）将剪纸放到另一张卡纸上（确定粘贴位置），在剪纸中心处及外围边缘处涂上白乳胶（浆糊），如图（2）不要涂太多。

2.将另一张卡纸与放有剪纸的一张卡纸重叠盖好如图（3），手掌轻轻压平如图（4），打开即可如图（5）。

第二节 折叠剪纸

一、对称剪纸

对称剪纸是所有折叠剪纸的基础，它制作简单，造型变化无穷，特别适合体现对称的图式。

对称剪纸分为单体对称和双体对称。

单体对称　　　　　　　　　双体对称

二、二方连续剪纸

二方连续剪纸，也叫花边剪纸，是指一个单位的纹样向左右两边或上下无限延伸的图形。这类剪纸可用于环境创设中区角的花边装饰，幼儿手工活动时也可体验剪简单的图形。

制作步骤如下：

1. 折

一般折成四等分法或八等分法就可以，折数太多不好剪。

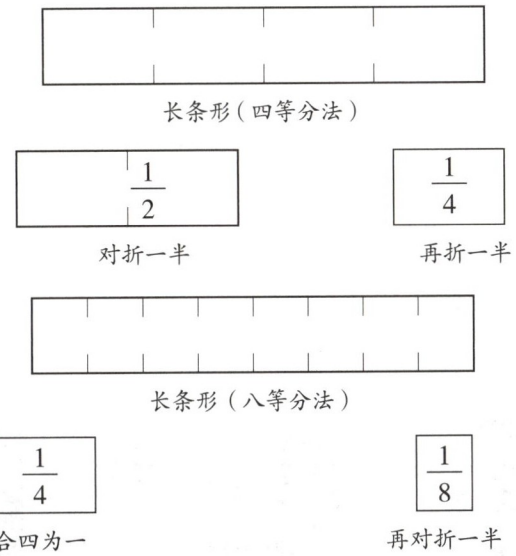

2. 画图案

一般来说画一半图案，在对称剪纸基础上画。

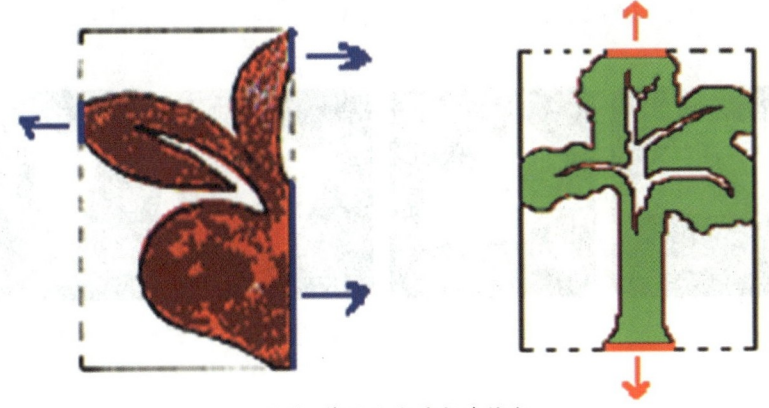

注意：箭头方向要留连接点。

3. 照着画好的图案剪下来即可

《二方连续花边的制作歌》，如下：

　　一折二，二折四，

　　折一折来剪一剪，

　　剪两边要有连接点，

　　剪出的朋友手拉手。

三、团花剪纸

团花，从字面上理解即团团圆圆、和谐美满之意。它是用正方形的纸，经过多次折叠、重复造型、从中心向四周放射多面均齐的剪纸形式。团花剪纸分三折、六折、四折、八折、五折及十折等团花，这里说的折数是指正方形纸沿对角线折叠后被等分的份数。

团花剪纸的制作方法与步骤：

1. 折

四折团花剪纸是把正方形的纸沿对角线对折三次，八折团花在四折的基础上再对折一次，较为简单。下面介绍三折、五折剪纸的折法。（六折是在三折基础上再对折，十折是在五折基础上再对折）

三（六）折团花的折法：

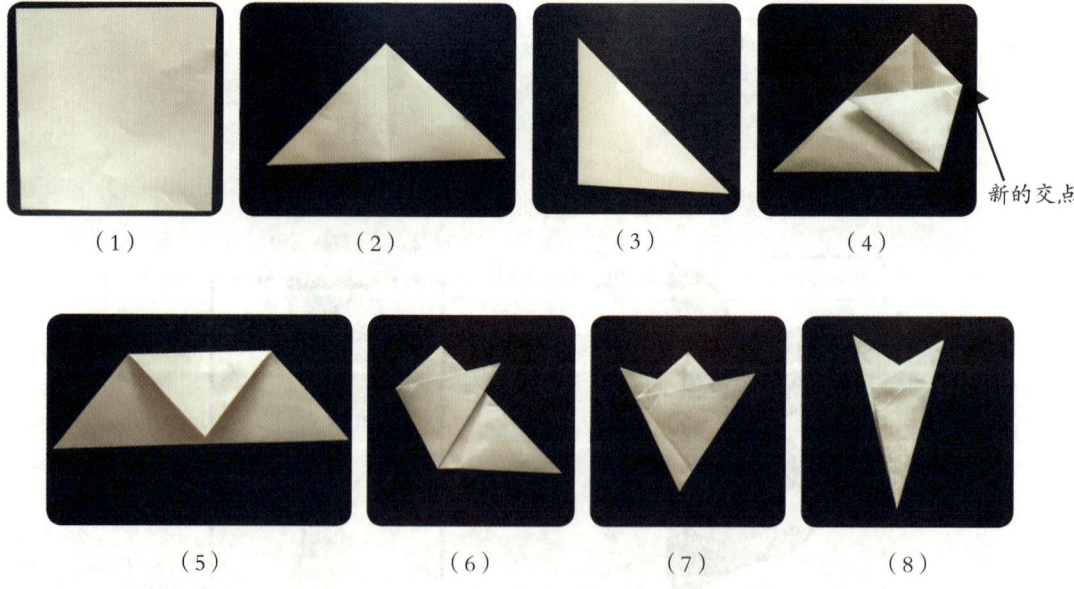

（1） （2） （3） （4） 新的交点

（5） （6） （7） （8）

（1）取一张正方形纸。

（2）沿对角线折叠一次。

（3）再折叠一次找到三角形底边的中心点然后打开成第（2）步图。

（4）把三角形顶点向底边中心点对齐后压紧对折线，找到三角形两条边的中心点。

（5）把三角形任一底脚向对边的中心点对齐后压紧折叠线，这时候三角形的一条边上会出现一个新的交点。

（6）把新交点对应的底角沿三角形底边中心点向新交点对齐，使底边中心点和新交点两点连成一条线，然后压紧折线。

（7）把另外一个角向对面折叠后如图（7）。

（8）如图为六折团花，是在三折基础上对折而成。

五折团花剪纸折法：

（1）（2）（3）（4）步折法如三折折法，下面从第（5）步开始演示。

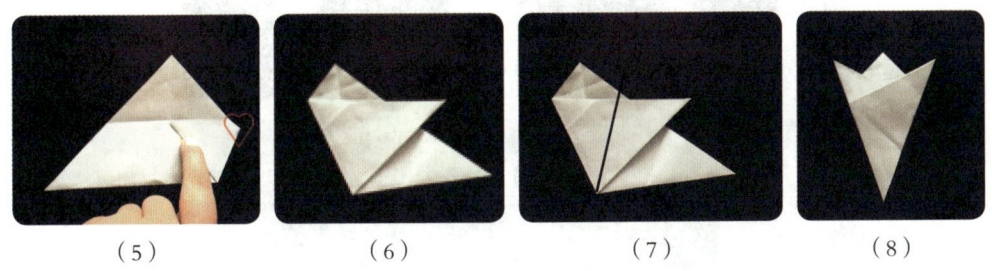

　（5）　　　　　　（6）　　　　　　（7）　　　　　　（8）

（5）把三角形任一底角向中垂线的中点对齐，找到底角那条边的新交点（如图（5）中心形里的交点）。

（6）把新交点的对角沿三角形底边中心点向新交点对齐如图（6）。

（7）沿黑线对折，剩余的小角向反面对折完成如图（8）。

2. 画

（1）折好后可以用剪刀画上如下图直、曲线，尝试剪一剪，看一看剪出来是什么图形。

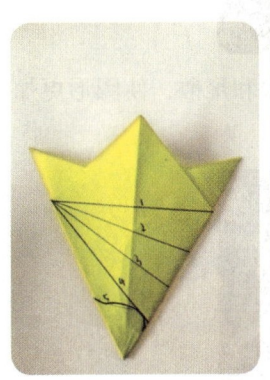   

（2）随手剪，剪纸是镂空艺术，一张漂亮的团花剪纸可以通过添加剪纸语言符号轻松地变化出来。

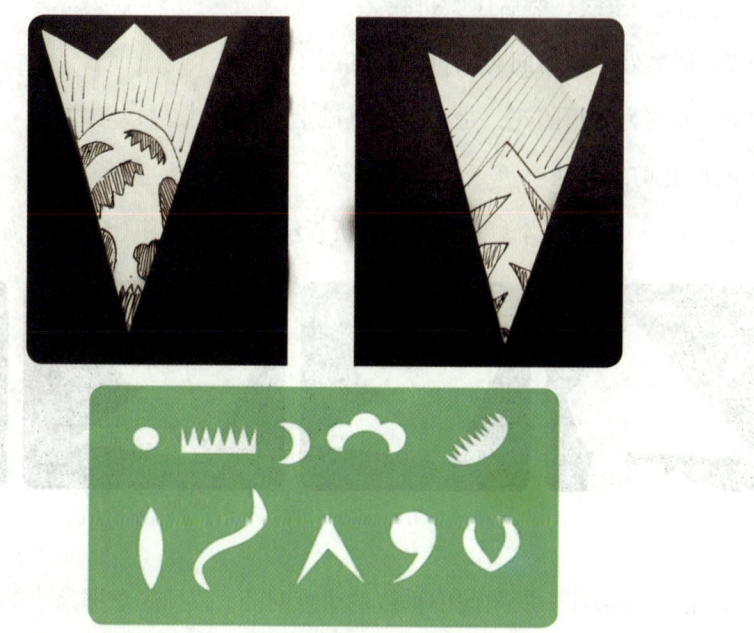

（3）设计具体图形，在折好的纸上画动植物形象，例如：设计胡萝卜形象团花剪纸。

（4）设计具体形象后适当添加剪纸语言符号，纹样要有主次和聚散，使图形更加丰富。如下图：

3.剪刻

剪刻的方法是从小到大,从里向外,中间图案可以借助刻刀。

四、四方连续剪纸

四方连续纹样是指一个单位纹样向上下左右无限延伸的纹样。四方连续剪纸是指把一张正方形纸,沿对边折两次后,形成四个大小相等的小四方形,然后再按照团花剪纸一样折、剪。如下图:

第三节 染色剪纸

一、染色剪纸概述

染色剪纸有两种形式,一种是先剪后染,还有一种是先染后剪。例如下图:

先剪后染

先染后剪

蔚县剪纸是河北省具有独特风格的民间美术。它用手工刻制，再点染以明快的色彩，故以染色剪纸居多。

在幼儿园手工教学中常见的多为先染后剪的染色剪纸。

二、染纸的制作技法

1. 染纸

染纸是吸取我国民间印染工艺而形成的一种折纸和染色结合的手工制作活动。

2. 工具材料

染纸材料需要吸水性强且有韧性的纸，如生宣纸、餐巾纸等。

染料以水性颜料为好，如彩色墨水、水彩颜料、国画颜料、办公用红蓝墨水。

另外还需要调色盘、毛笔、滴管、夹子、毛线等辅助材料。

水彩颜料

彩色墨水

三、染纸的方法步骤

1. 折

将纸张进行折叠，折叠基本方法有田字折、米字折、井字折、折扇折等，在此基础上也可自由组合折叠，另外随意折、揉可以染出意想不到的图案。

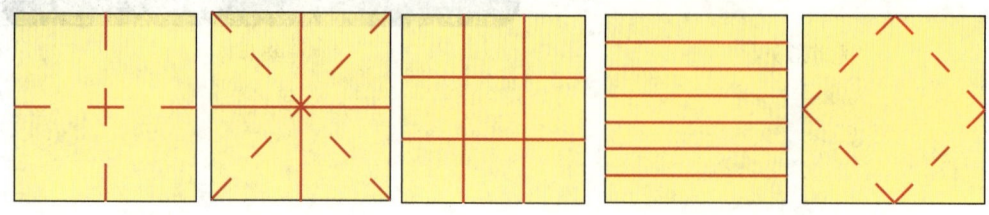

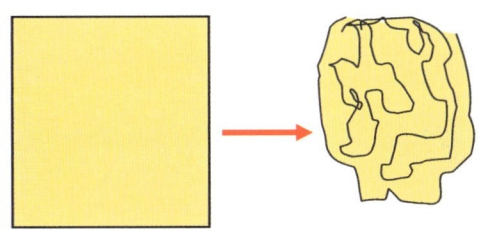

2. 染

（1）浸染法。由浅入深，将需染色的部位浸泡在色水中，时间越长，面积越大，所形成的花纹也就越大。

（2）点（滴）染法。毛笔蘸颜料进行，一般用于折叠次数少的纸，小面积的染色或补色。

（3）浓破淡法。在上过淡色的地方再染上颜色，叫浓破淡法。

（4）淡破浓法。在上过浓色的地方再染上淡颜色或浸入水中，叫淡破浓法。

（5）夹染。主要是利用织物被夹固以后，染液难以渗入的特点而产生花纹。

（6）扎染。染色时部分结扎起来使之不能着色的一种染色方法。

浸 染

滴 染

浓破淡法

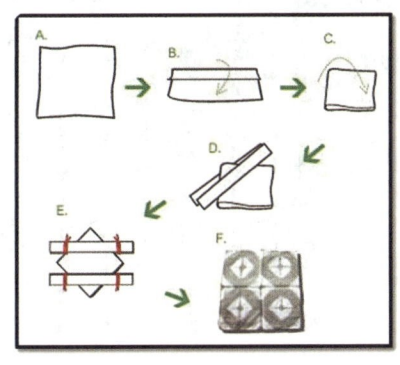
夹 染

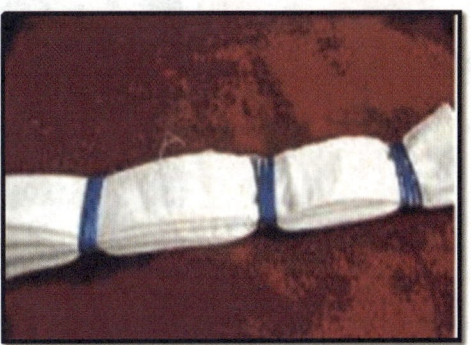
扎 染

总之，一张漂亮的染纸作品要做到以下几点：

第一，有创意折叠方法；

第二，协调的色彩搭配；

第三，纹样处理得当；

第四，恰当的留白。

四、学生染纸作品欣赏

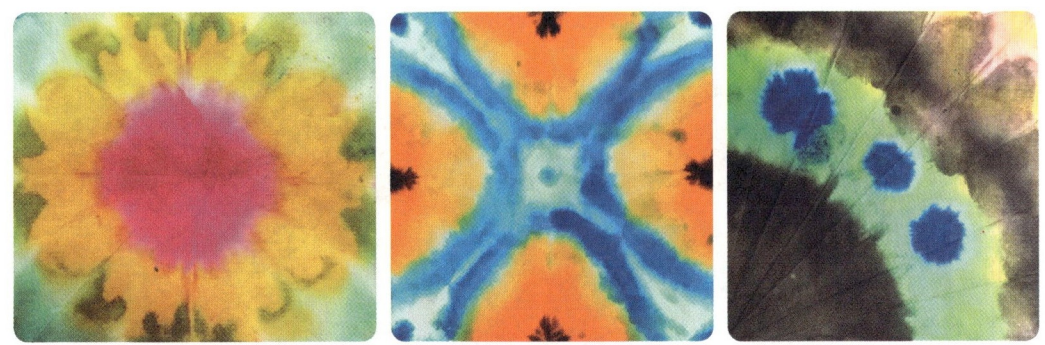

染纸不仅可以作为一件漂亮的作品装饰生活,还可以作为一种新的纸材再加工设计。例如下图:

五、染纸主题设计作品欣赏

第二章 剪纸

第四节　套色剪纸

一、套色剪纸的概念

套色剪纸是在事先剪刻好的单色剪纸主稿（一般为阳刻）的背面镂空处，根据画面需要衬贴上不同颜色的纸。

单色剪纸

套色剪纸

二、套色剪纸的类别

全面套色：严谨、精致。

局部套色：简洁、随意。

用色特点：以对比色搭配为宜，颜色3～4种，不易过多。

全面套色

局部套色

局部套色

三、套色剪纸制作方法

以幼儿园手工教学《昆虫》为例，单色剪纸可以老师设计好，后面的面贴部分幼儿设计制作。

（1）设计单色剪纸。

（2）单色剪纸背面涂上胶水。

（3）粘贴彩色衬纸。

（4）修剪轮廓完成。

四、学生作品欣赏

第三章 折纸

第一节　折纸概述

折纸，因其材料方便易得、制作简便而深受大众喜爱，纸张是折纸的重要材料，基本可选用色彩鲜艳的软性纸，例如专门的手工折纸、废旧报纸、打印纸、宣纸（结合染纸）等。

折纸在幼儿美术教学中可以促进幼儿想象力、创造力、记忆力的发展，提高思维能力和幼儿审美感知能力，锻炼专注力及眼、手、脑的协调能力，是学前教育专业学生及幼儿园教师必备的一种手工技能。

一、常用的折纸符号

在进行折纸之前，了解并熟悉这些折纸符号是操作折纸的前提和基础，熟练操作后并能举一反三可以让我们的折纸活动变得更加简单、有趣。

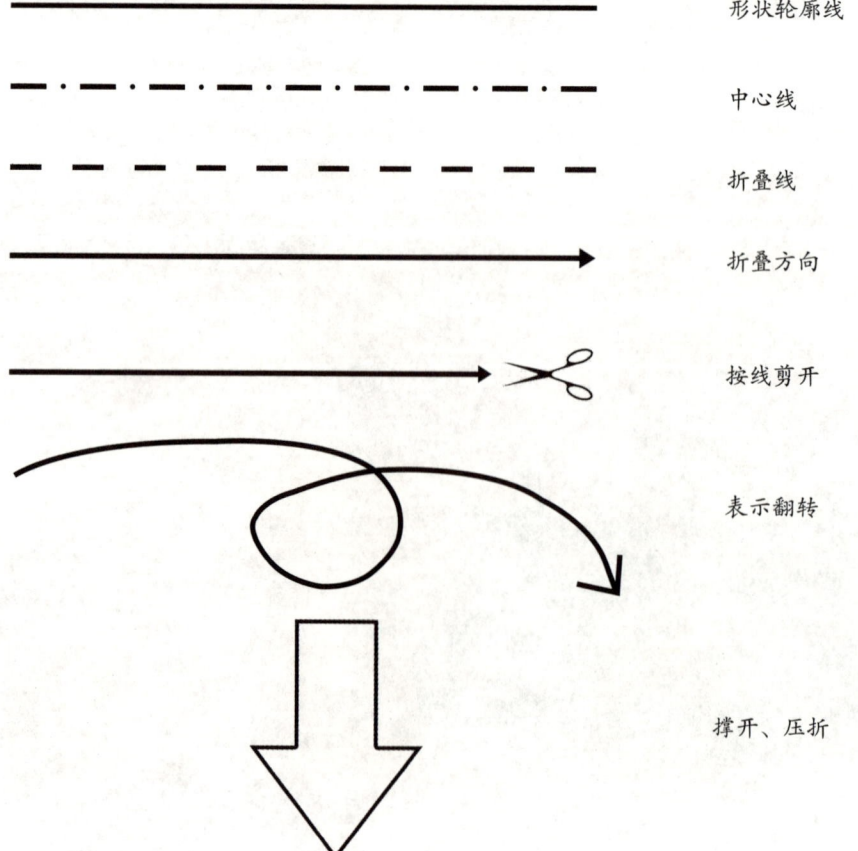

二、几种基本折法

折纸的基本折法有对边折、对角折、集中折、向中心折、双正方形、双三角形、双鱼形、单菱形和双菱形九种。要想学习更多的折纸形象必须熟练辨识折纸符号和掌握基本折法。

1. 对边折

2. 对角折

3. 集中折

4. 向中心折

5. 双三角形

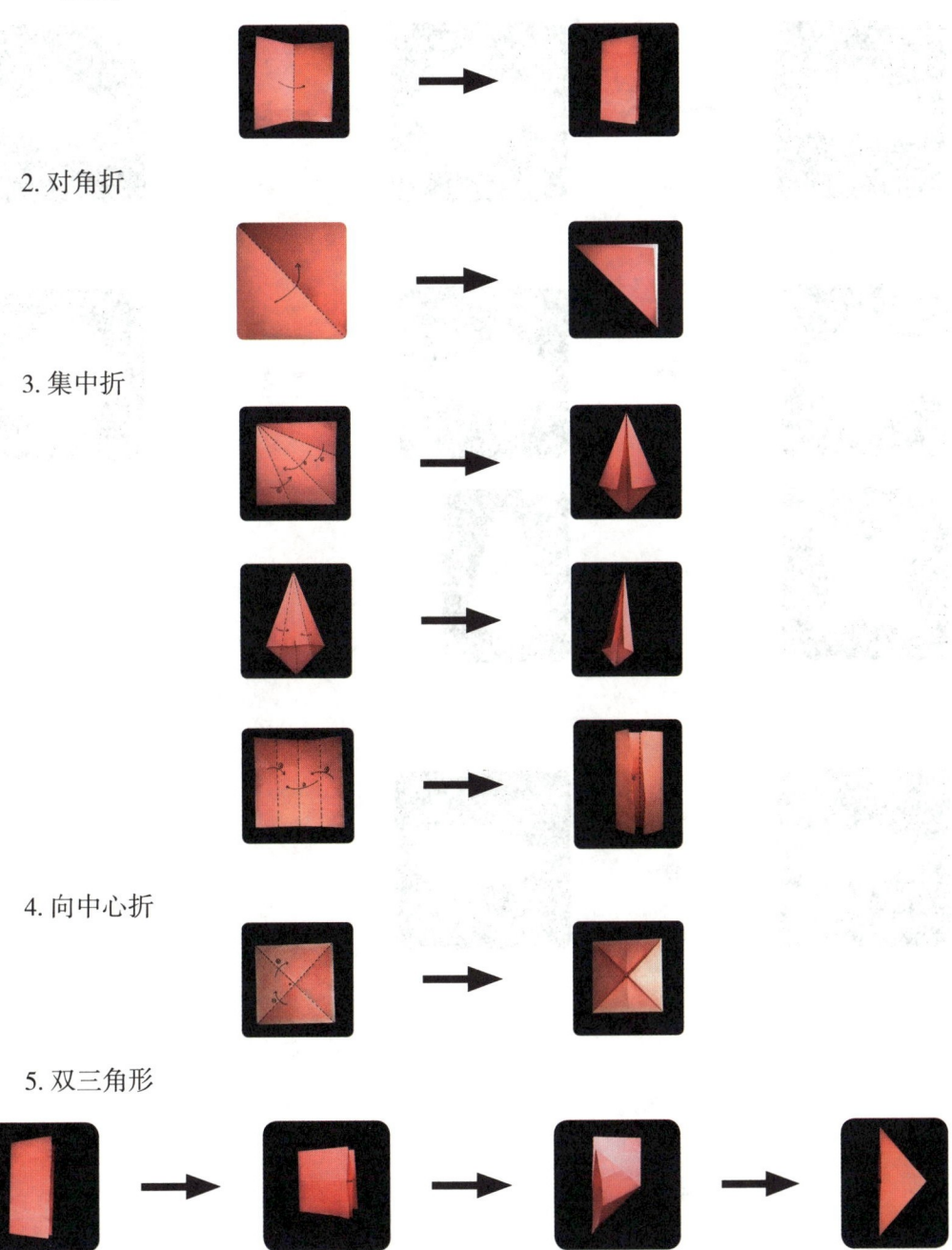

6. 双正方形

7. 单菱形

8. 双菱形

9. 双鱼形

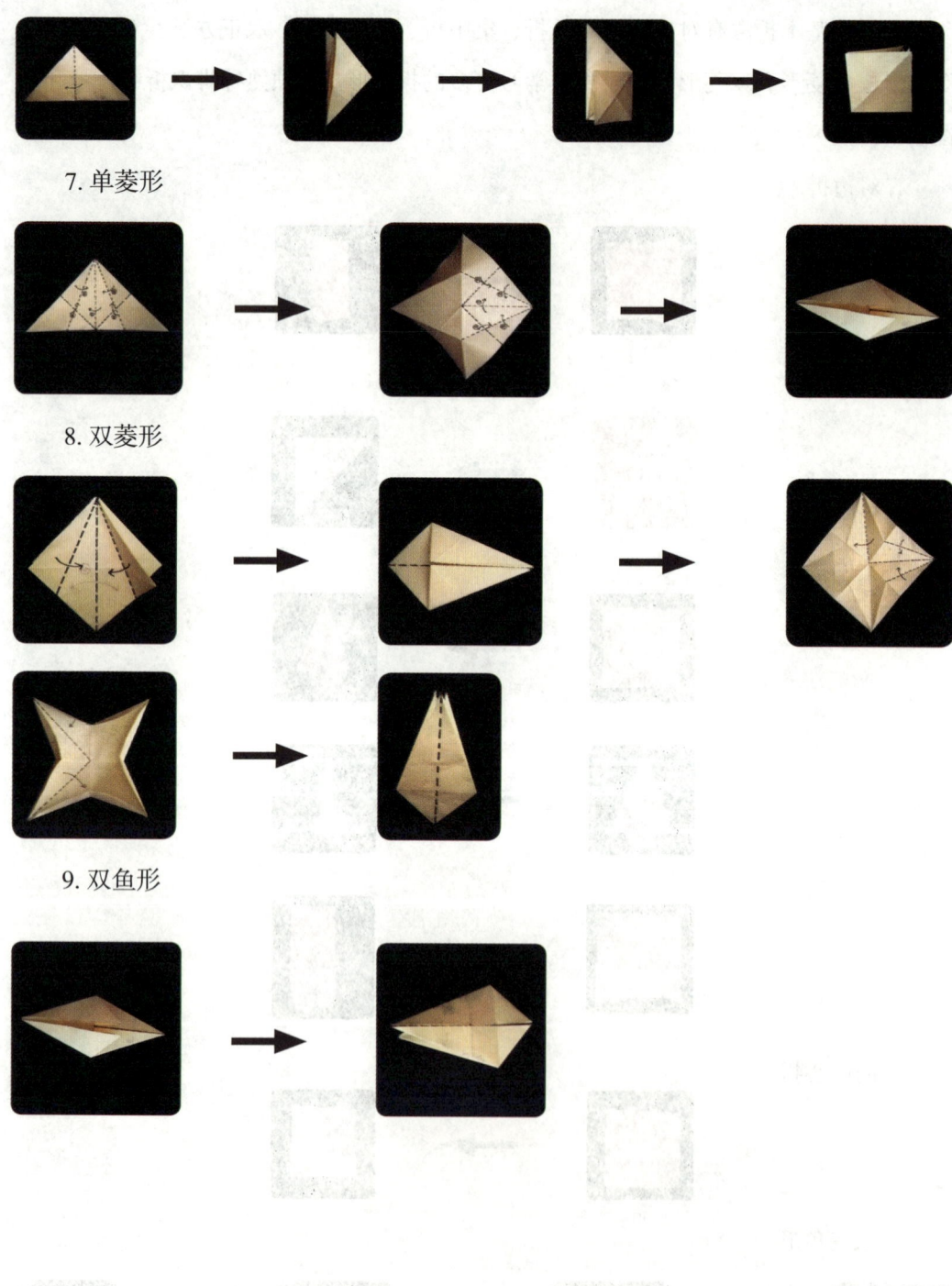

第二节 折纸图例

一、单个折纸形象的折叠步骤

1.长颈鹿的折法

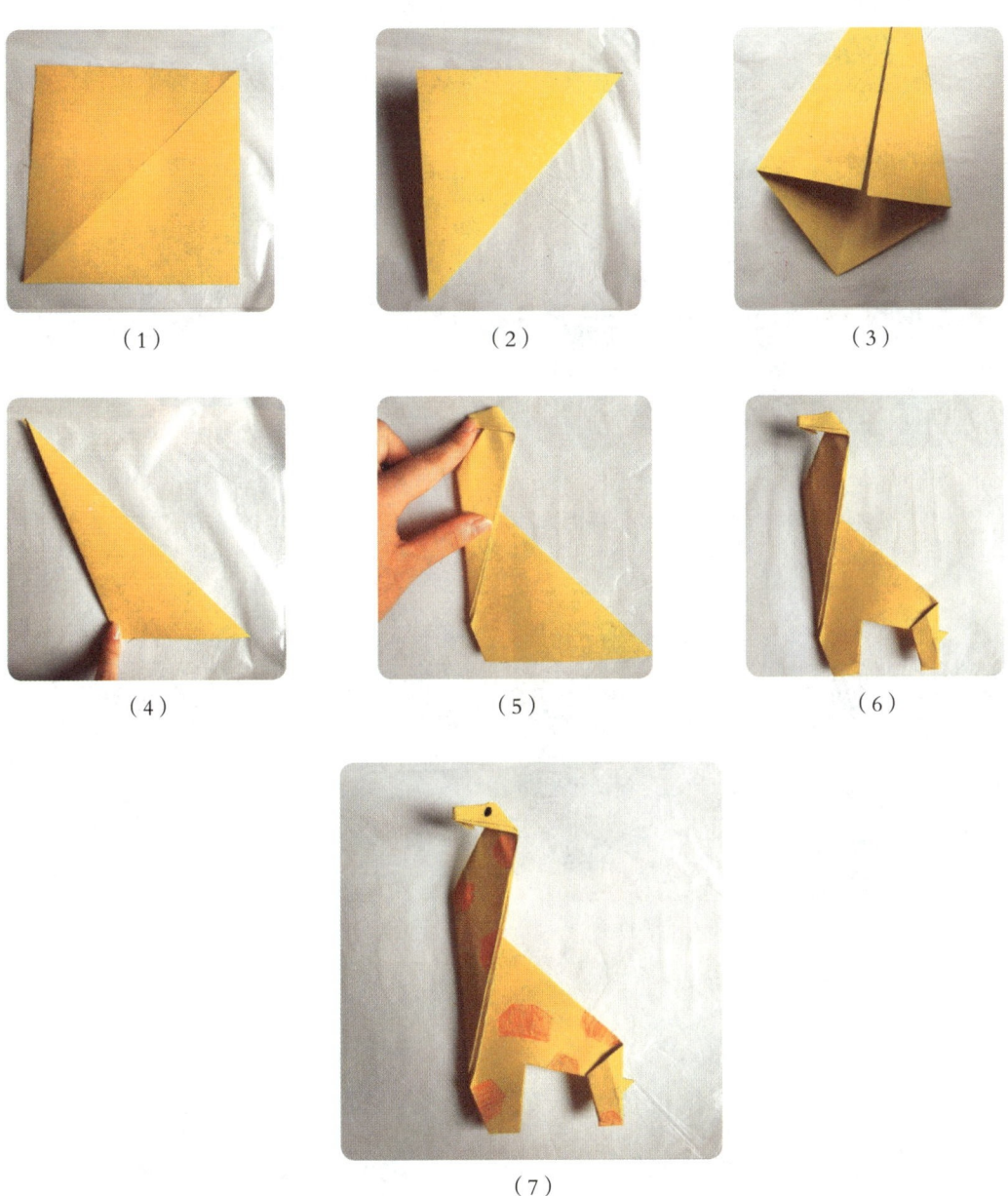

（1）　　　（2）　　　（3）
（4）　　　（5）　　　（6）
（7）

2. 小老鼠的折法

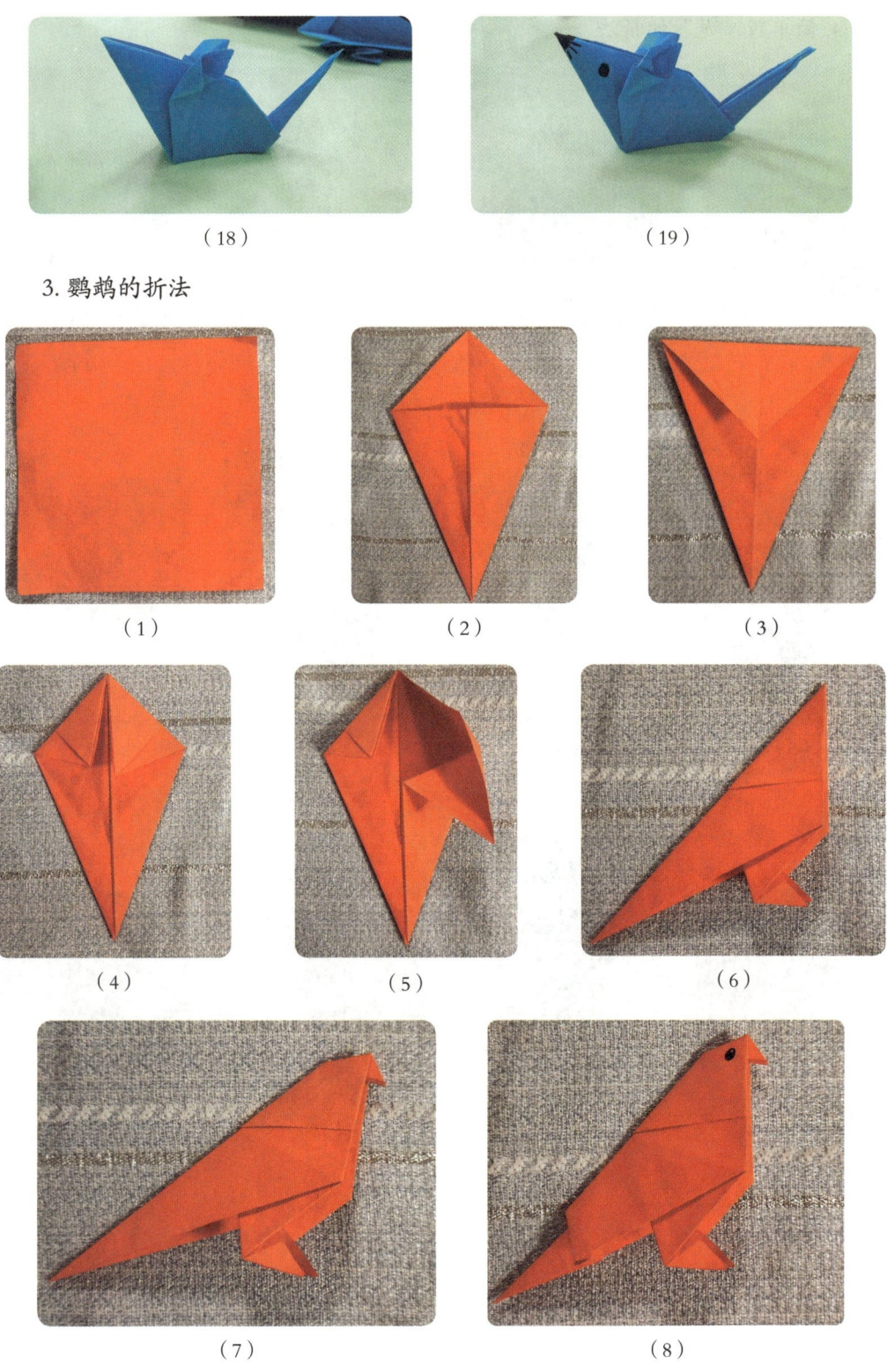

（18） （19）

3.鹦鹉的折法

（1） （2） （3）

（4） （5） （6）

（7） （8）

4. 简单版"龙"的折法

（1）　（2）　（3）　（4）
（5）　（6）　（7）　（8）
（9）　（10）　（11）　（12）

第三章 折纸

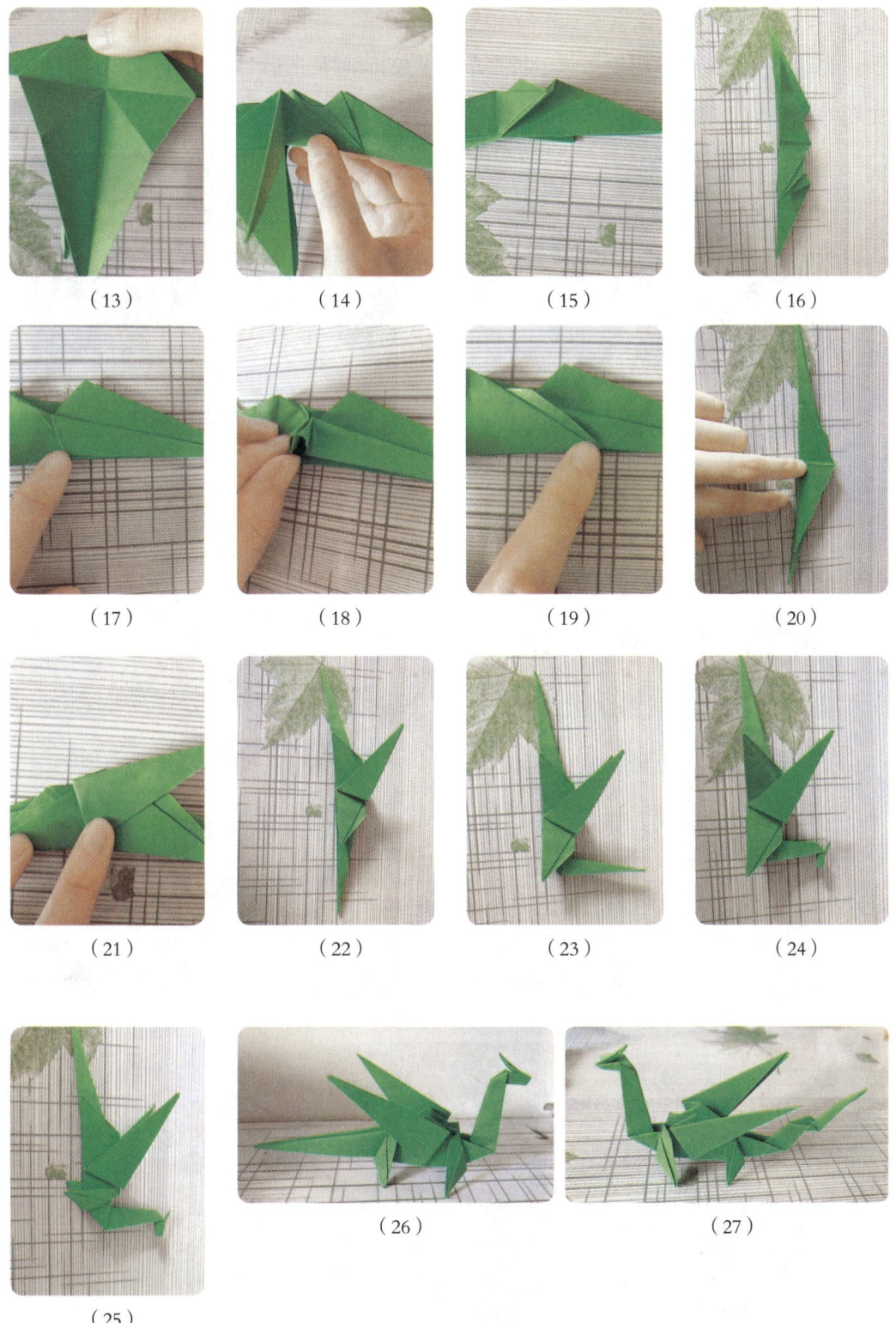

（13）　（14）　（15）　（16）
（17）　（18）　（19）　（20）
（21）　（22）　（23）　（24）
（25）　（26）　（27）

43

二、折纸主题创作

在幼儿美术教学过程中，除了折叠单个形象折纸外，还可以利用折纸设计制作有主题的粘贴画，画面中的单个折纸形象和画面背景可以结合绘画进行再设计，例如：

第三节　折纸三角插

一、三角片基本折法

1. 取长宽比例2:1的长方形纸张（2cm×4cm或3cm×6cm厘米均可），然后沿对折线对折。

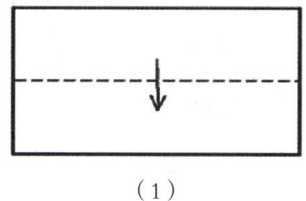

（1）

2. 沿如图左右两边对折线对折，如图（3）。

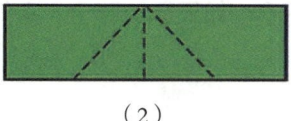

（2）

3. 图（3）。

（3）

4. 把图（3）翻过去，沿下面两角对折线对折。

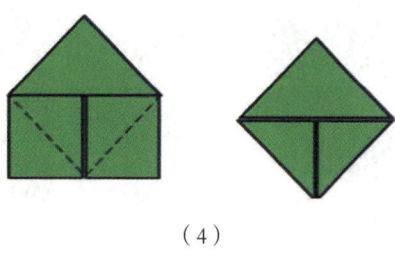

（4）

5. 将图（4）后一幅图折好的两角再向上翻折。

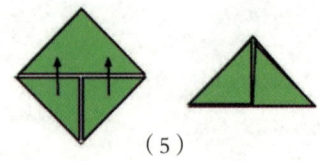

（5）

6. 图（6）第一幅图左右对折后完成。

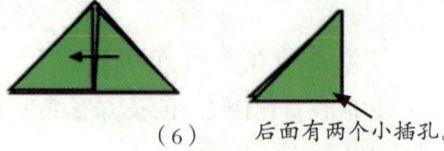

（6）　　后面有两个小插孔。

二、三角片收纳方法

叠好单个三角插后，可将20～30个三角片为一组按下图方法插接收纳。

1. 直插法

取2片三角片，将其同一方向直接相插的方法叫直插法，根据需要，可呈现直、曲等状。此方法通常用于较细长的条状造型，如天鹅的脖子，手等部位。

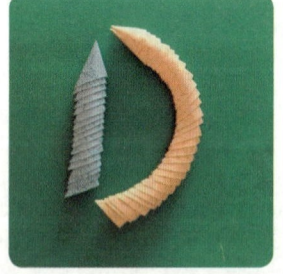

直插法

2. 正插法

（1）　　　　　　　（2）　　　　　　　

（3）

(1)取2片三角片,插孔向下,如图直角向外斜边向里放置,以此为第一层。

(2)另取1片三角片,方向和第一层一致,将其小插孔插入第一层三角片的中间两个角。

(3)组合完成。

3. 反插法

　　　（1）　　　　　　　　　　（2）　　　　　　　　　　（3）

(1)接正插图,另取1片三角片将其直角与正插图(1)直角相对插接。

(2)完成步骤图后,从正面看不到反插的三角片。

(3)从侧面看反插效果图。

以上为正插反插组合作品基本形。

4. 跳插法

如图，第一步是以2片黄色三角片作为第一层，红色三角片为第二层的"正插法"作品。

接着，第二步再取2片黄色三角片作为第三层，第四层又为1片红色三角片，如此反复，根据作品需要插接作品的长度。此方法常用于长条造型，如手、耳朵等部位。

跳插法

5. 增片法

常用于需要加大作品周长时，如头部、腹部等部位。

（1）用正插和反插法做出基本形，将最外圈作为第一层。

（2）第二层要增加2片黄色三角片，如图先将2片黄色三角片上各插接2片三角片。

（3）将图（2）三角片如图插接到图（1）上。

（4）增片完成。

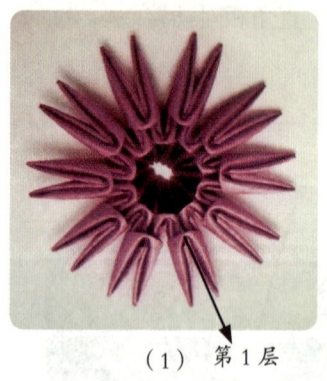

（1）第1层

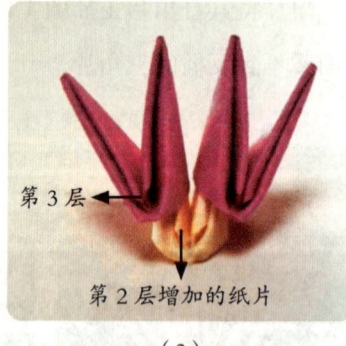

（2）

（3）

（4）

三、学生三角插作品欣赏

第四章　纸条的平面编织

编织是人类最古老的手艺之一，旧石器时代，人类就把植物韧皮编织成网罟（gu）（网状兜物），内盛石球，抛出时以击伤动物。编织是指用细条或带形的东西交叉组织起来，按照一定的原则、规则或次序来组织或排列。传统的编织材料有竹编、藤编、草编、棕编、柳编、麻编等。在幼儿园手工教育教学中常见的编织材料是毛线、纸藤或纸条（卡纸裁剪而成）。

竹编

柳编

线编

棕编

草 编　　　　　　　　　　　　　　　纸 编

一、纸条编织

（一）纸条的编织材料与工具

剪刀、美工刀、直尺、铅笔、各色卡纸（纸条）、胶水（双面胶、白乳胶、胶棒等）。

（二）平面编织方法

1. 认识经纬条

在纸条穿编中，我们通常把竖向的纸条叫作"经条"，横向的纸条叫作"纬条"。

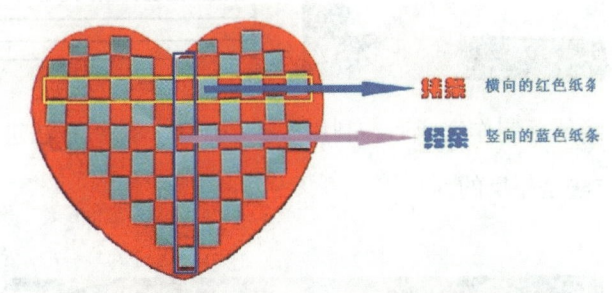

它就是用纬条与经条穿插编织制作而成的

2. 编织步骤

（1）剪经条。用直尺在卡纸上画好经条的宽度（约1cm，也可根据编织纹样确定），用剪刀剪，或用美工刀刻，刻的时候注意下面垫上衬板或旧书本。这里的经条数量根据自己的作品来定。

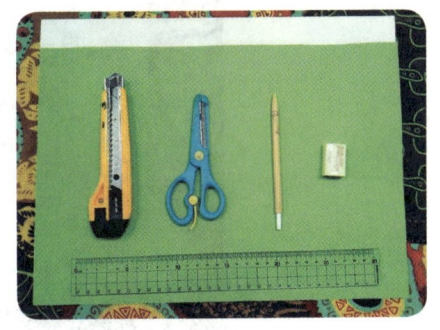

准备工具材料

（2）剪纬条。如图用直尺在卡纸内画出一长方形，在小长方形里面沿痕迹线刻出纬条。

（3）编织。经纬条制作完成后，利用一提一压基本编织技法进行穿编，注意两条相邻的纬条提压方法是相反的。

（4）用胶棒或白乳胶将纸条两头粘贴整齐，整理完成。

二、编织图案、花纹的方法步骤

1. 心形的编织方法

（1）在稿纸上画出 1cm×1cm 大小的方格，铅笔画图要轻，设计一个爱心的形象，可画出下图草稿。

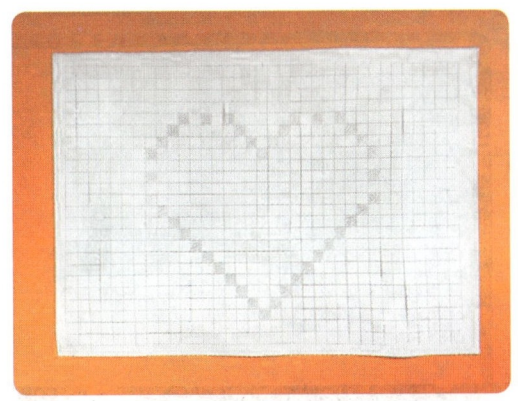

（2）剪出具体长宽（1cm×1cm）的经纬条。

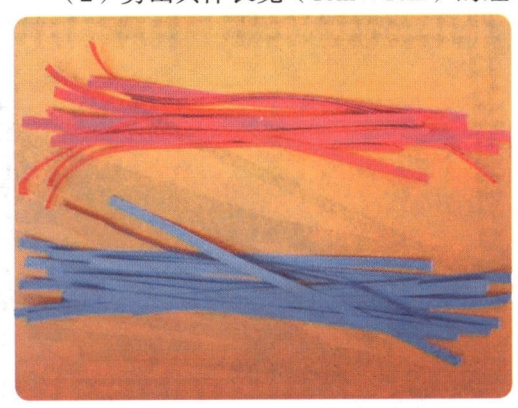

（3）根据草稿进行编织。

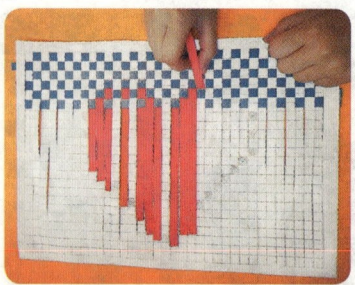

（4）整理完成。

2. 折线花纹的编织方法

（1）准备好工具材料并在稿纸上设计出图案纹样。

（2）根据具体需要剪出经纬条。

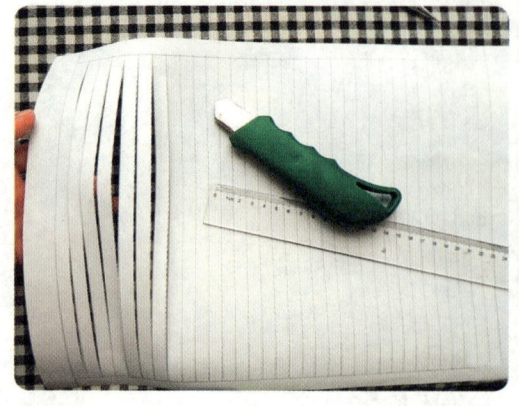

（3）根据图纸，选择三提两压的方法进行编织，注意编织的时候后面纬条的变化。

（4）整理完成。

三、学生平面编织作品欣赏

第四章 纸条的平面编织

第四章 纸条的平面编织

61

四、纸条编织在幼儿园手工教学中的应用

第四章　纸条的平面编织

63

第五章 纸浮雕

第一节 纸浮雕概述

一、纸浮雕的概念

纸浮雕是介于平面和立体之间的,在平面材料上对材料某一部分进行立体化加工与设计的,使之在视觉和触觉上有立体感的造型。

纸浮雕在幼儿园教育环境布置中和手工教学活动中运用较为广泛。

二、纸浮雕的工具材料

纸材为较厚实的彩色卡纸、瓦楞纸,弹性好的海绵纸、纤维纸,易折易卷的彩色折纸等。常用工具有剪刀(锯齿剪)、美工刀、白乳胶(热熔胶、厚泡沫胶等)、圆规、直尺、镊子、笔棒、曲线云形板等。

三、纸浮雕几种基本技法

1. 卷曲法

 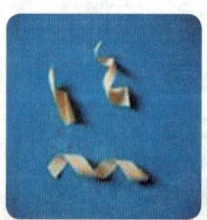 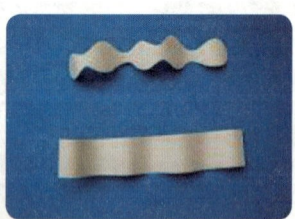 

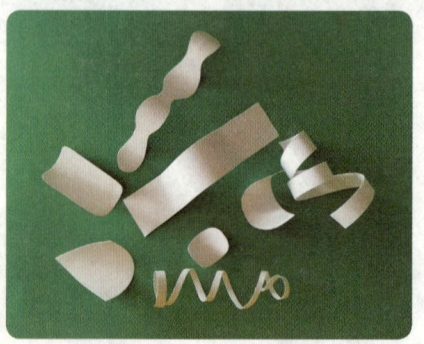

各种曲面制作图例

2. 折叠法

折叠法包括折直线、折曲线和折圆三种。

（1）折直线。剪取所需形状纸张，用直尺和美工刀在纸张上面做直线形痕迹线，然后根据需要一正一反折叠，如下图：

（2）折曲线。取所需形状纸张，用直尺和美工刀在纸张上面做曲线形痕迹线，然后根据需要一正一反折叠，注意要根据曲线的曲度折叠，如下图：

（3）折圆法。同心圆的折法如下：

第一步：用圆规在卡纸上画出需要大小的圆形，根据需要在里面画出同心的圆环若干。

第二步：用剪刀剪下圆形，再用圆规（两头均为金属笔尖）或美工刀刀尖沿着圆环做痕迹线。

第三步：用剪刀剪开圆的半径，然后用手上下翻转折圆环的痕迹线。

第四步：用白乳胶粘合。

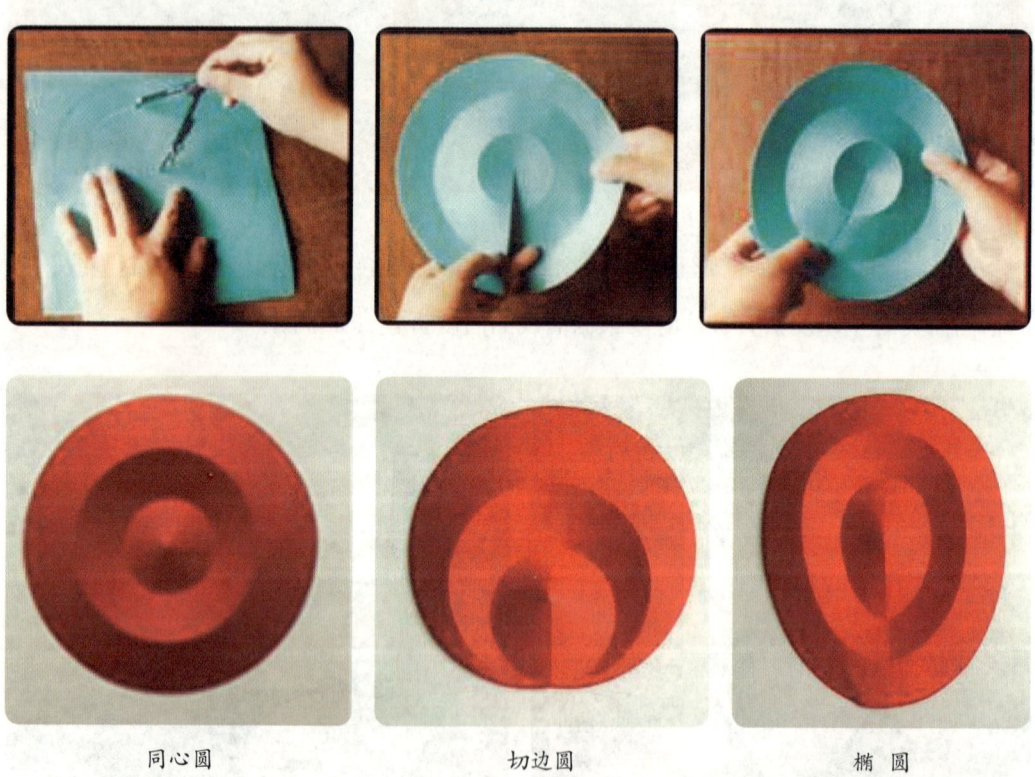

同心圆　　　　　　　　切边圆　　　　　　　　椭圆

圆折法再设计造型（学生作品欣赏）：

（4）随意造型。在制作山石等不规则物体的时候，需要用到随意折、捏的技法，例如：

3. 切刻法

在纸上画出所需痕迹线，有的痕迹线折叠，有的痕迹线切开，然后再进行折叠，如下图：

第二节　卡纸画框

一、卡纸画框的工具材料

卡纸画框的材料一半选用较为厚实的彩色卡纸、打印纸或牛皮纸。常用工具主要有剪刀、美工刀、双面胶、热熔胶、长直尺、铅笔。

二、卡纸画框的制作方法与步骤

以长方体形状为例，下图各图片中1、2、3、4、5内宽一致。

（1）根据画框长宽选择平面卡纸4张。上图为画框的长，大约宽15cm、长25cm。如图将卡纸宽度5等分，每份宽5cm。用尺子画线时注意线的平行。

（2）如上图将中间一道两端留出3cm左右长度，按图把浅蓝色部分剪下。用相同方法制作另一画框对边。

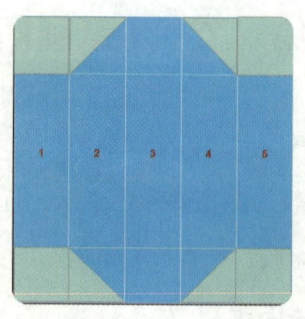

（3）取长15cm、宽15cm的卡纸按照此图制作画框的两个宽边，中间"3"长方形两头为正方形。

（4）把画框长宽边剪下来后按图贴上双面胶。

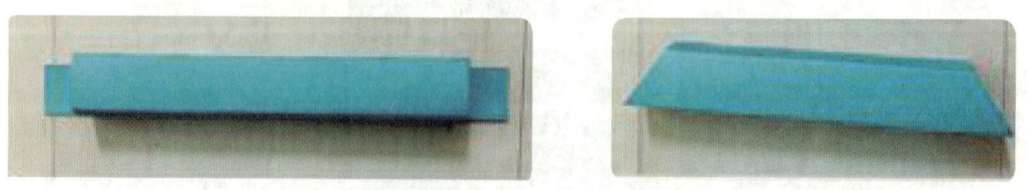

（5）完成后的长宽边各两条。

（6）各取一画框长边和宽边按照如图方法进行组合黏贴，如上图黄色画框组合两个。

（7）将四条边粘贴组合后画框完成。

注：如画框的单边截面长或宽高度不一致，则要设计"12345"内的不同宽度。

三、学生纸浮雕作品装裱画框后欣赏

第五章 纸浮雕

第六章　纸艺花卉

第一节　纸艺花卉用的常用工具材料

一、常用工具

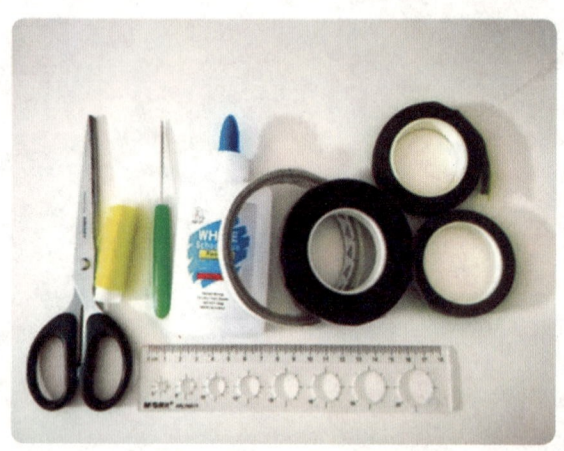

剪刀：裁剪纸张必备工具。

白乳胶：白色溶液，能大面积涂刮，纸干后没有胶痕，呈透明状。

直尺：测量工具，做模板时必备工具。

千枚通：俗称锥子，用于卷曲花瓣。

双面胶：粘性大，快速粘贴纸张，起固定作用。

纸胶带：缠绕花杆、花萼专用工具，拉长粘性更大。

丝线：涂白乳胶前用丝线缠绕更利于定型。

二、常用材料

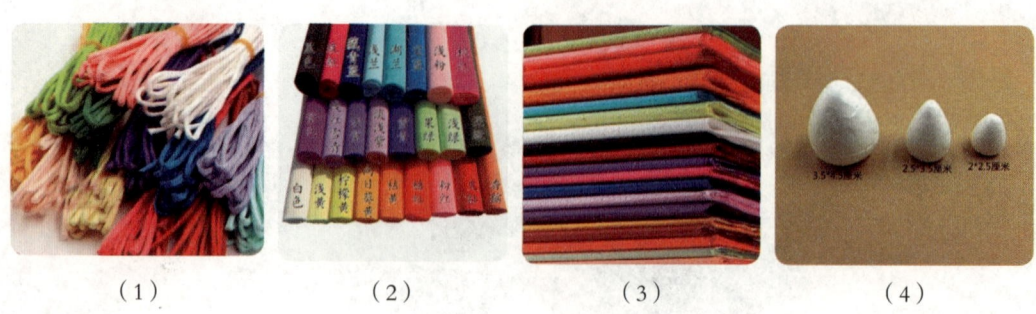

（1）　　　　　（2）　　　　　（3）　　　　　（4）

|（5）|（6）|（7）|（8）|

（1）纸藤：制作纸花最佳材料，纸质柔软有韧性，易造型。

（2）皱纹纸：又称皱纸，纸面呈现皱纹的加工纸，本书中纸花用的是加厚款。

（3）手揉纸：表面有皱纹，韧性极佳，像光滑的白纸经手揉打开一样。用于手工花、折纸。

（4）泡沫花苞：水滴形，用于月季、玫瑰、牡丹等花打底造型。

（5）3#纸包花杆：用于花枝比较粗的花，如牡丹。

（6）2#纸包花杆：一般用于花枝比较细的花，如格桑花、水仙花等。

（7）18#纸包花杆：用于藤类植物，如凌霄花、铃兰等。

（8）26#叶脉铁丝：用于各类花叶和单枝花的花茎，如单枝铃兰、凌霄花等。

三、辅助材料

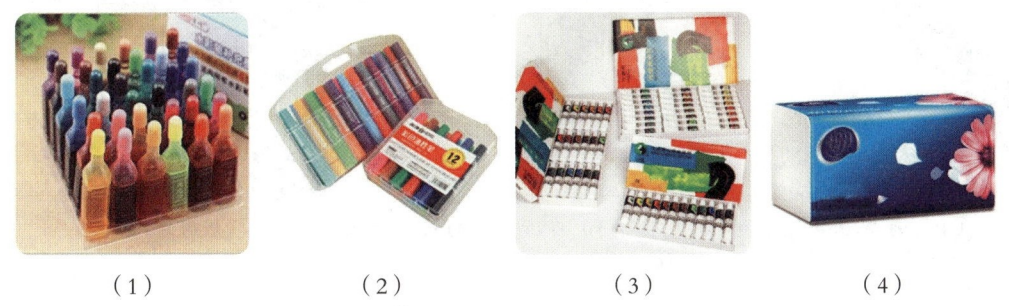

|（1）|（2）|（3）|（4）|

（1）水彩笔彩色墨水：水彩笔补充液，用于纸张染色，方便好吸收、颜色正。

（2）彩色记号笔：含酒精，干得较快，染色后不会掉色。

（3）丙烯颜料：颜色饱满鲜艳，干得快，不掉色，抗腐蚀。

（4）面巾纸：质地柔软，适合做各种造型和打底。

第二节 纸艺花的制作

一、勿忘我

1. 紫色勿忘我工具材料

剪刀、纸胶带（深绿色）、皱纹纸（浅紫色）、26#叶脉铁丝、2#花杆。

2. 勿忘我制作步骤

（1）裁剪4cm×10cm紫色皱纹纸若干张。

（2）选取一张纸进行拉伸。

（3）将拉伸后的皱纹纸用折扇子的方法进行折叠。

（4）选取26#铁丝截取10cm左右小段。

（5）将折叠好的皱纹纸用细铁丝缠好，如图（6）。

（6）缠好的皱纹纸。

（7）沿着折痕线打开。

（8）将花瓣向上翻折。

（9）此方法制作出10～15朵花。用胶带从花瓣下方缠紧。

（10）截取25cm左右的2#花杆铁丝将小花瓣扎在花杆上。

（11）完成的勿忘我花枝。

（12）相同方法做好一束插入花瓶。

二、郁金香

1.郁金香工具材料

剪刀、双面胶、白乳胶、直尺、丝线、卡纸（做成郁金香花瓣模型）、纸胶带（浅绿色）、皱纹纸（玫红、浅黄色、中黄色）、手揉纸（深绿色）、3#花杆、26#叶脉铁丝。

2.郁金香制作步骤

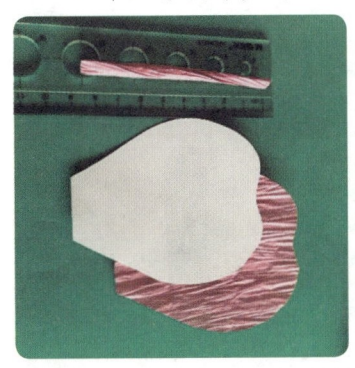 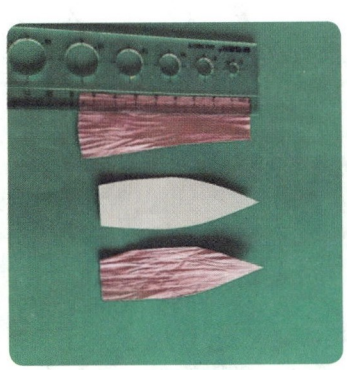 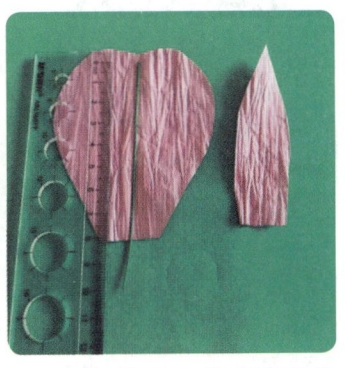

（1）剪取8cm～9cm长的粉色纸藤6段，打开后用花瓣模板剪出花瓣（每朵花要6个花瓣）。

（2）同样方法剪出6片小花瓣。

（3）剪10cm长的叶脉铁丝把大小花瓣粘贴在一起，如图（4）。

（4）两片花瓣粘贴在一起。

（5）用千枚通卷曲花瓣。

（6）继续卷曲花瓣。

（7）将卷好的花瓣与铁丝的连接处用白乳胶收紧成半球状。

（8）用紫红色墨水晕染出渐变效果。

（9）剪出10cm左右铁丝3段，涂抹白乳胶后沾满碎屑做花心（碎屑由黄色系纸藤剪成）。

（10）待花心干后用细线缠绕在花杆上。

（11）接着扎上里面三片花瓣。

（12）扎好外面三片花瓣，再用绿色胶带缠绕花杆。

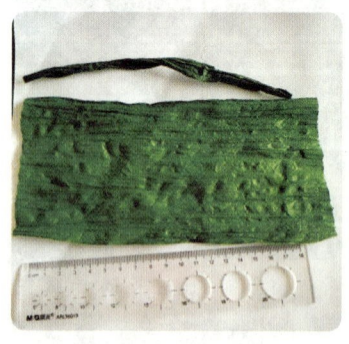  

（13）剪20cm左右长的绿色纸藤2段做花叶。

（14）剪成如图状。

（15）将花叶卷成如图状。

（16）将卷好的花叶扎在花杆上。

（17）花叶、花杆和花瓣组装好，单枝郁金香完成。

三、铃兰

1. 铃兰的工具材料

剪刀、纸胶带（浅绿）、直尺、千枚通、白乳胶、丝线、皱纹纸（柠檬黄、果绿、白色）、面巾纸、26#叶脉铁丝、18#花杆。

2. 铃兰的制作步骤

（1）剪取5cm×8cm白色皱纹纸若干片。

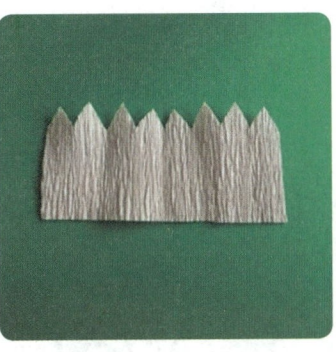

（2）对折三次剪成8折锯齿状。

（3）如图剪取一段后用白乳胶把两端粘起来做花瓣。

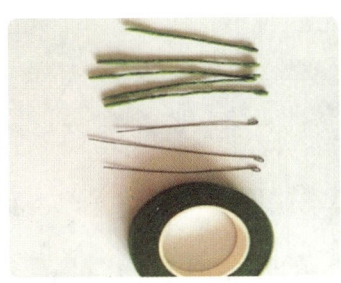

（4）截取8cm左右铁丝，一端卷曲后用胶带裹紧。

（5）将图（3）中花瓣与裹好的铁丝如图组合。

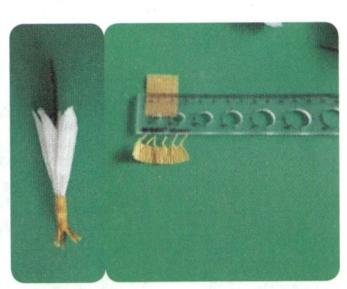

（6）剪取2.5cm×3cm左右黄色皱纹纸做成如图状做花心，将花心用胶粘在花瓣上。

（7）将花瓣反过来后用千枚通向外自然卷曲。

（8）如图做好的一朵铃兰。

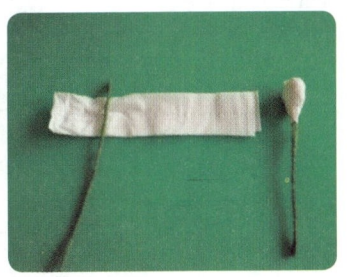

（9）将面巾纸和铁丝涂满白乳胶做花苞填充状。

（10）取4×m×4cm白色皱纹纸剪成六瓣花状。

（11）将六瓣花包裹在图(9)上，如图（12）。

（12）包裹好的花苞。

（13）用翠绿色墨水染花苞，注意色彩的渐变。

（14）如图完成的大小不一的花苞若干。

（15）一枝铃兰所需的花与花苞。

（16）用嫩绿色皱纹纸剪取4cm长度的叶芽。

（17）将叶芽如图粘到花与花苞上。

（18）如图将花与花交错组合到18#花杆上。

（19）单枝铃兰效果图。

四、格桑花

1. 格桑花工具材料

剪刀、白乳胶、千枚通、纸胶带（深绿色）、丝线、纸藤（浅黄、中黄）、皱纹纸（大红、深绿）、面巾纸、26#叶脉铁丝、18#花杆。

2. 格桑花制作步骤

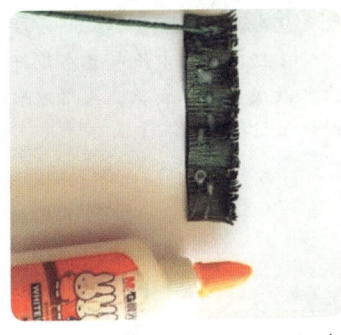

（1）剪取3cm×20cm绿色皱纹纸，一端剪成流苏状做花芯，流苏用千枚通或剪刀向一侧打卷，用白乳胶粘在花杆上，如图（2）。

（2）

（3）剪取5cm×20cm红色皱纹纸按照（1）做花心，将红色皱纹纸粘在（2）上，如图（4）。

（4）

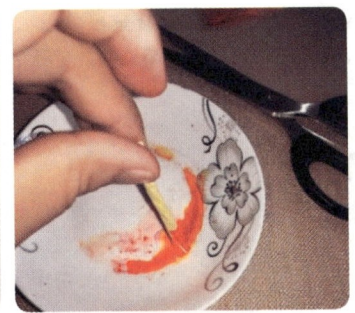

（5）剪取6cm、4cm两种黄色纸藤若干段，分别用深红色、橙色墨水进行染色，注意色彩自然渐变，如图（6）。

（6）染好颜色的纸藤。

（7）待图（6）中纸藤干后剪成花瓣状，每朵花需8片花瓣。

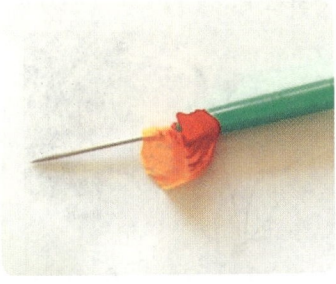

（8）用千枚通卷曲花瓣使花瓣纹理、卷曲度更真实自然。

（9）花瓣分两层扎，一层4片花瓣。

（10）剪取4cm×6cm绿色皱纹纸，剪成如图状做花萼。

（11）将花萼花瓣组合到一起。

（12）用面巾纸包裹在花杆上，做成如图水滴状，再用方形绿色皱纹纸包裹在上面。

（13）将花瓣与花苞组合在一起成含苞未放的花苞。

（14）用绿色皱纹纸剪出五瓣花做花萼，将花萼粘在花苞上，如图（15）。

（15）

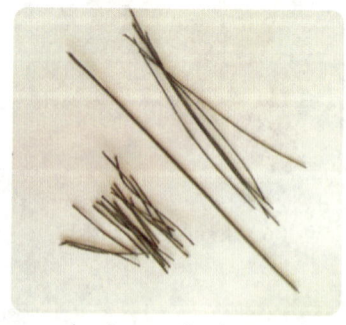

（16）18#花杆一根，8cm、15cm的26#叶脉铁丝若干。

（17）用8cm叶脉铁丝做成如图花叶。

（18）将花、花苞与花叶组合到一起。

（19）完成后的格桑花。

五、水仙花

1. 水仙花工具材料

剪刀、白乳胶、千枚通、尺子、水彩笔、彩色墨水、丝线、废旧小瓶或牙刷、皱纹纸（白、中黄、浅绿、深绿）、面巾纸、2#花杆、26#叶脉铁丝。

2. 水仙花制作步骤

（1）剪取3cm×5cm黄色皱纹纸，一端如图做拉伸。

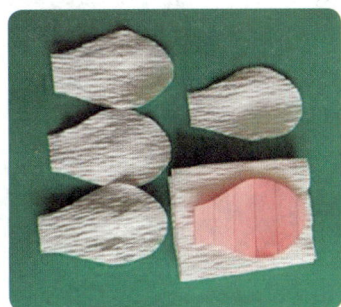

（2）用事先做好的模板剪出花瓣，每朵花需6片。

（3）花瓣沿中心线对折再用千枚通卷起花瓣两边。

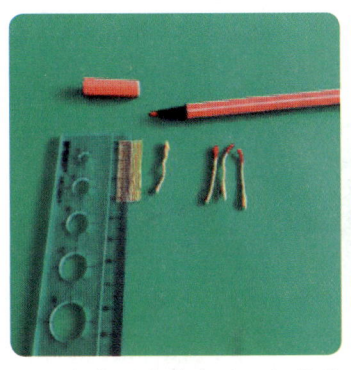

（4）用浅黄色皱纹纸做花蕊，一端用橙色水彩笔染色。

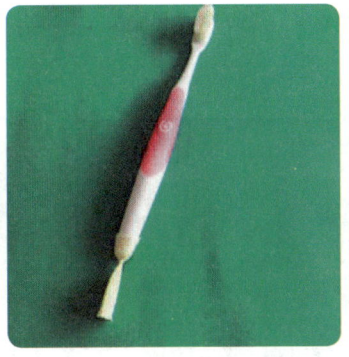

（5）如图用浅黄色皱纹纸做花蕊外侧保护罩。

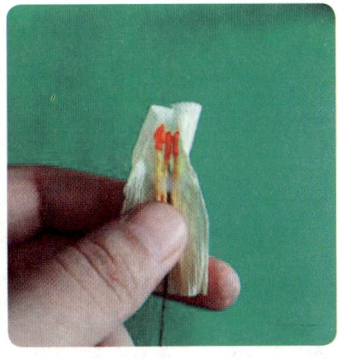

（6）将保护罩打开包裹在花蕊外侧后整理成如图形状。

（7）用细线把保护罩扎好。

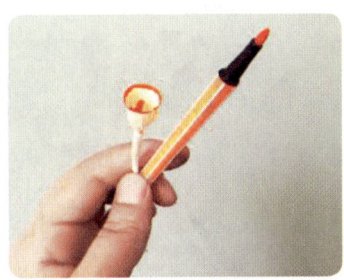

（8）用橙色水笔沿保护罩上沿染色一圈增加真实感。

（9）如图用细线扎上内圈三片花瓣。

（10）接着扎外圈三片花瓣，用浅绿色胶带裹紧花杆，花杆距花瓣3cm处用深绿色胶带裹起来成图。

（11）做含苞未放花苞：将浅绿色墨水加水调和，把白色皱纹纸一侧进行染色。

（12）将染色的皱纹纸剪成花瓣，与花蕊和保护罩做成含苞未放花苞，如图（13）。

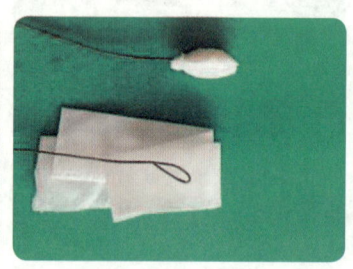

（13）花枝部分仿照图（10）。

（14）用面巾纸做花苞基础形。

（15）基础形外包裹浅绿色皱纹纸，花杆处仿照图（10），完成后如图（16）。

（16）

（17）用3cm×5cm白色皱纹纸剪出佛焰苞。

（18）将一片佛焰苞把花苞和花朵包起来。

（19）如图剪5cm×20cm深绿色皱纹纸做花叶。

（20）完成的花叶。

（21）对花叶沿铁丝对折处理。

（22）将4片花叶与图（18）用细线和胶带组合起来。

（23）同样方法做出另一束，插入花瓶中。

六、非洲菊

1. 非洲菊工具材料

剪刀、白乳胶、千枚通、纸胶带（深绿、浅绿）、直尺、丝线、面巾纸、彩色墨水、皱纹纸（深绿、浅绿、玫红）、3#花杆、26#叶脉铁丝。

2. 非洲菊制作步骤

（1）用浅绿色皱纹纸剪一段3cm×10cm长条形。

（2）用剪刀从一侧0.5cm处剪成细细的流苏状，再用千枚通将流苏向一侧打卷。

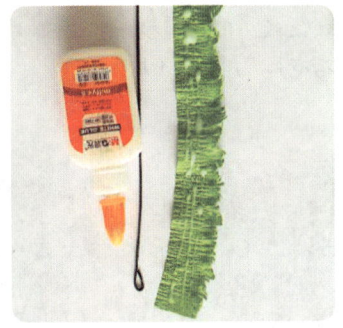

（3）将一段25cm长的18#花杆一段弯曲，将长条形皱纹纸用白乳胶裹在花杆上，如图（4）。

（4）流苏向里卷曲。

（5）剪玫红色皱纹纸三段，规格分别为3cm×10cm、4cm×10cm、5cm×10cm。

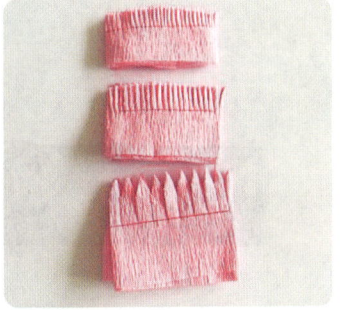

（6）将每段皱纹纸条剪成流苏状。

（7）4cm×10cm、5cm×10cm两段用玫红色墨水染流苏两圈，尖部晾干做碎花瓣。

（8）将3cm×10cm流苏粘在绿色花心外，流苏向里打卷。

（9）图（7）中两段流苏条分别粘在图（8）外，流苏向外翻卷。

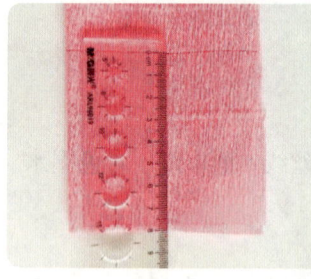

（10）剪8cm宽左右玫红色皱纹纸，用花瓣模板剪出50片左右花瓣，如图（11）。

（11）

（12）剪取10cm长度26#铁丝若干段，将两片花一段铁丝组合成一片完整的花瓣，如图（13）。

（13）

（14）用细线将花瓣一片一片扎紧，扎2～3层。

（15）扎好的花瓣和花心。

（16）剪6cm×15cm深绿色皱纹纸条。

（17）将纸条剪成流苏状做花萼。

（18）将花萼粘起来并用面巾纸加粗花杆。

（19）用浅绿色胶带裹实花杆,完成非洲菊的制作,如图(20)(21)。　　　　　（20）　　　　　　　　　　（21）

七、玉兰花

1. 玉兰花工具材料

剪刀、白乳胶、纸胶带（褐色、深绿色）、泡沫花苞、丝线、皱纹纸（深绿、黄色）、纸藤（深绿、玫红色）、面巾纸、18#花杆。

2. 玉兰花制作步骤

（1）准备：花杆穿透泡沫花苞、25cm×3cm长条形流苏。　　（2）将流苏向图中一样粘在花杆和泡沫花苞上。　　（3）用玫红色纸藤剪出大小不一的花瓣,每朵需九片花瓣,六片大的、三片小的,大小如图(4)。

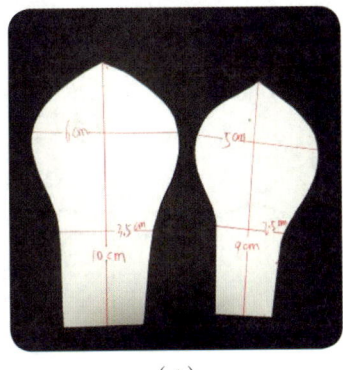 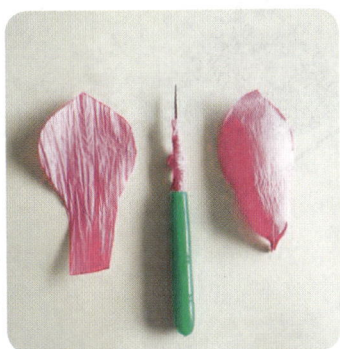 

（4）　　　　　　　　　　（5）用千枚通对花瓣进行卷曲。　　　　　　　　（6）准备好的花瓣、花心。

（7）用细线将六片花瓣分三层扎在花心周围，每层三片。

（8）花瓣部分完成。

（9）扎好的花瓣效果。

（10）剪5cm长深绿色纸藤做花萼，每朵玉兰需3片。

（11）用面巾纸裹在花瓣下方，再把花萼用细线扎在花杆上。花杆其他位置也随意粘上面巾纸，以增加花枝的真实感。

（12）用咖啡色胶带将花杆裹实。

（13）剪10cm长度玫红色纸藤做含苞未放的花苞。

（14）两片花瓣粘在泡沫花苞上的效果。

（15）加上花萼，完善花枝。

（16）剪5cm×15cm深绿色皱纹纸，从中间旋转拧紧，包裹在泡沫花心上，如图（17）。

（17）

（18）完善花心花枝。

(19)组合花朵、花苞。　　　　(20)完成后的玉兰花效果图。

八、虞美人

1. 虞美人工具材料

剪刀、白乳胶、直尺、丝线、绿色胶带（浅绿色）、纸藤（黑、浅黄、中黄）、皱纹纸（浅绿、大红、黄色）、2#花杆、纽扣、面巾纸。

2. 虞美人制作步骤

（1）剪4cm宽黑色纸藤，打开将一段3cm剪成流苏状。

（2）将（1）中花杆与流苏纸藤涂抹白胶粘紧做花心。

（3）将花心尖角抹上白胶沾满纸肖纸屑（中黄、浅黄纸藤剪碎而成）。

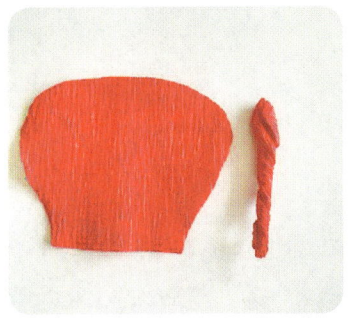

（4）每朵虞美人需四片花瓣、两大两小，基础规格为4.5cm×5.5cm和5.5cm×7.5cm。

（5）将花瓣剪成图中形状，再旋转拧紧后开如图（6）。

（6）将花瓣下方捏紧做出造型。

（7）在花心外对称扎内圈两片小花瓣，再对称扎上外圈大花瓣。

（8）花瓣完成图。

（9）将浅绿色胶带重复对折如图，剪成流苏状。

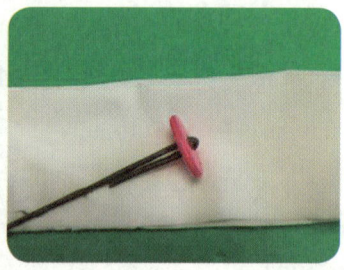

（10）将流苏胶带裹在花杆上。

（11）做果实：将纽扣和花杆如图组合。

（12）用面巾纸裹起来如图（13）。

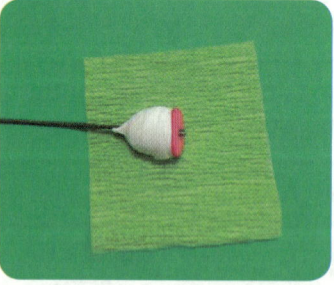

（13）

（14）用浅绿色皱纹纸将图（13）包起来，如图（15）。

（15）

（16）用黄色丝线如图裹上以增加果实真实度。

（17）用深色皱纹纸从下面将果实裹起来，上面多出1mm距离并向外翻。

（18）用面巾纸和花杆做出花苞基本型。

（19）用浅绿色胶带裹实花苞。　　（20）花朵、花苞、果实完成。　　（21）虞美人完成效果图。

九、凌霄花

1.凌霄花工具材料

剪刀、白乳胶、纸胶带（浅绿）、直尺、笔、细线、彩色墨水、皱纹纸（橘色、柠檬黄、浅绿、深绿）、面巾纸、18#花杆、26#绿色花杆铁丝。

2.凌霄花制作步骤

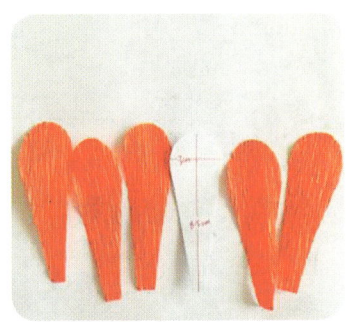

（1）用图中花瓣模板剪出花瓣，每朵花需五片花瓣。　　（2）把花瓣重叠，用白乳胶粘在一起。　　（3）再把花瓣用白乳胶粘起来，用笔调整好。

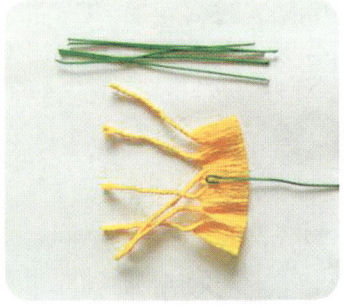

（4）剪6cm×7cm柠檬黄皱纹纸做花蕊。　　（5）截取10cm花杆，将花蕊与花杆用白乳胶粘起来。　　（6）将花瓣从花杆下方扎起来如图（7）。

（7）

（8）剪5cm宽黄色皱纹纸条，用浅绿色墨水进行染色。

（9）剪5cm×5cm染好的纸条剪成六等份的锯齿状，再卷成筒状。

（10）将图（9）中花萼用细线和浅绿色胶带粘在花瓣下方。

（11）将三片花瓣和一段花杆用细线扎在一起做含苞未放的花苞，如图（12）。

（12）

（13）2cm×5cm皱纹纸从1/3处拧紧翻转后做花苞的花萼。

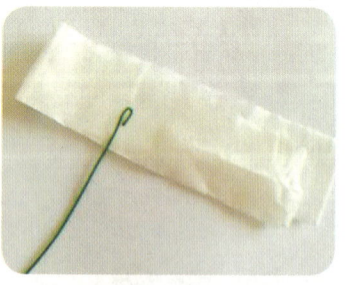

（14）将图（13）中花萼和图（12）用细线扎在一起。

（15）用面巾纸做小花苞基础形。

（16）如图包裹花苞纸。

（17）完成的花苞。

（18）4cm×5cm绿色皱纹用模板剪出花叶若干片。

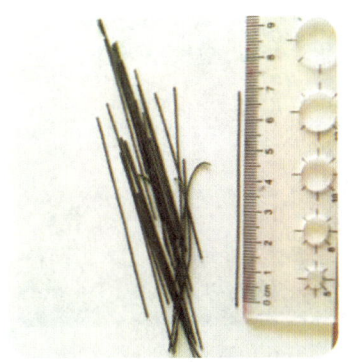

（19）截取7cm左右铁丝五段。

（20）将铁丝与两片花瓣组合成一片完整花叶。

（21）凌霄花花叶是由单叶组成的复叶。

（22）将准备好的花朵、花苞、花叶和花杆组合起来如图（23）（24）。

（23）

（24）

十、马蹄莲

1. 马蹄莲工具材料

剪刀、白乳胶、纸胶带（浅绿色）、直尺、丝线、千枚通、细线、水彩笔、皱纹纸（粉色、中黄、浅黄）、纸藤（浅黄色）、3#花杆。

2. 马蹄莲制作步骤

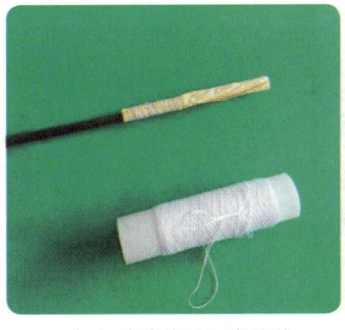

（1）剪5cm浅黄色纸藤做马蹄莲花蕊。

（2）将花蕊用细线缠紧。

（3）将两种颜色皱纹纸剪成碎纸屑并混在一起。

（4）图（2）上部2/3处涂满白乳胶沾满纸屑,如图（5）。

（5）

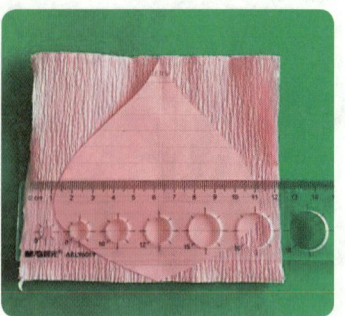

（6）剪取 12cm×12cm 正方形粉色皱纹若干张,沿皱纹纸纹理用花瓣模板剪出花瓣。

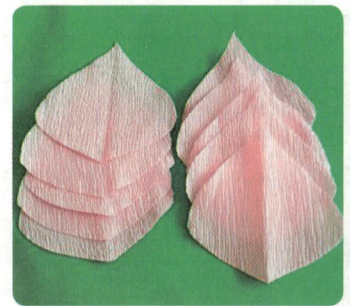

（7）准备好的马蹄莲花瓣。

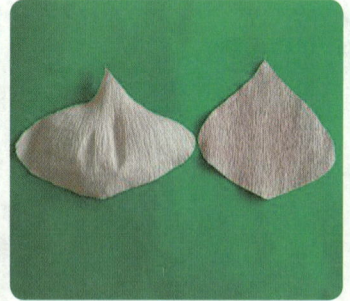

（8）用手将花瓣纹理打开。

（9）用千枚通把花瓣两侧向后卷,中间部分向前卷。

（10）如图将花瓣和花蕊用白乳胶和细线组合,如图（11）（12）。

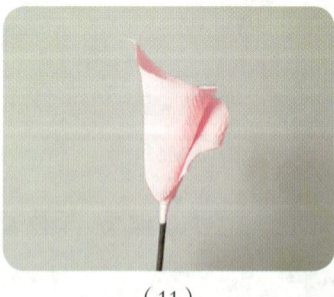

（11）

（12）

（13）用千枚通整理花瓣。

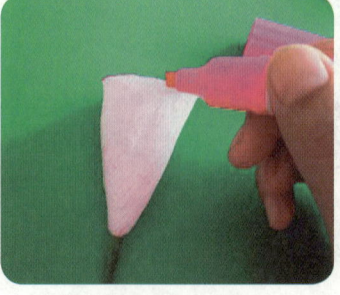

（14）用玫红色水笔沿花瓣上沿染色一圈,如图（15）。

（15）

（16）用浅绿色胶带裹实花杆。

（17）完成后马蹄莲效果图。

十一、月季花

1. 月季花工具材料

剪刀、白乳胶、千枚通、纸胶带（深绿色）、丝线、手揉纸（浅粉色、白色、深绿色）、泡沫花苞、面巾纸、2#花杆、26#叶脉铁丝。

2. 月季花制作步骤

（1）剪三段20cm长的手揉纸条，粉色两条（3cm×20cm、5cm×20cm）白色条（5cm×20cm）。

（2）用两种大小的花瓣模板如图剪出花瓣（水滴状），其中粉色大花瓣25片左右，白色大花瓣9片，粉色小花瓣9片。

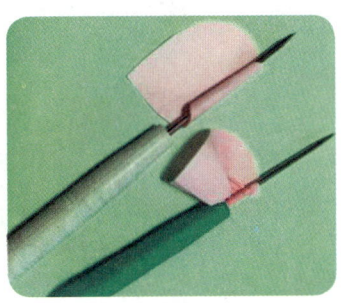

（3）用千枚通裹住花瓣右上角（花瓣反面向上）后用力向下压缩如图状。

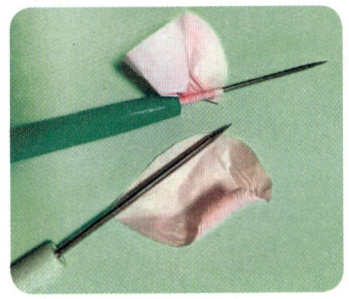

（4）取下千枚通，用同样的方法做花瓣的左上角。

（5）用千枚通整理花瓣，用千枚通将花瓣左右上角轻轻地向后自然翻卷，把花瓣中心处向前卷成碗状，这样花瓣的纹理与造型就更真实自然。

（6）整理花瓣。

（7）将大花瓣分组分层整理好，这样便于粘贴。

（8）准备一个泡沫花苞与三片粉色花瓣，把花瓣里面全部涂满白乳胶，第一层花瓣要将花苞全部包实，可一片在下，两片在上对粘，也可三片互压呈螺旋状。

（9）第一层花瓣完成图。接着准备好第二层三片白色花瓣，粘贴方法参考（8）但是花瓣的上面部分不要涂白乳胶。

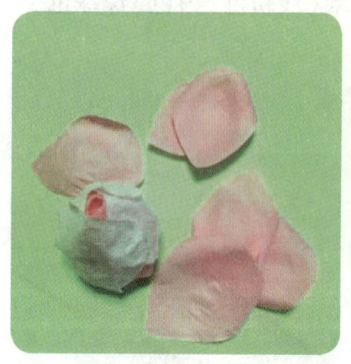

（10）粘好的第二层花瓣。接着准备第三层六片粉色花瓣。第三层花瓣白乳胶涂在花瓣下面尖角处于花瓣两侧，中间不涂。一片压着一片花瓣呈螺旋式粘贴。

（11）如图粘好的第三层花瓣。接着准备第四层六片白色花瓣，粘贴方法同第三层。

（12）同样的粘贴方法粘第五层、第六层粉色花瓣每层花瓣片数6~8片，越向外圈花瓣也多，可根据花瓣大小与形状自己调节。

（13）完成的单朵月季花。

（14）用深绿色手揉纸剪出如图状花萼。

（15）将花萼用白乳胶粘在花瓣下面，等胶干后用千枚通从花瓣中心戳一深深的小孔，方便花杆插接。

（16）将花杆和花朵连接起来，再用面巾纸将花萼下方裹出2cm长的花萼打底。

（17）如图用深绿色胶带包裹花杆。

（18）用花叶模板剪出月季花单叶若干片（36片）。

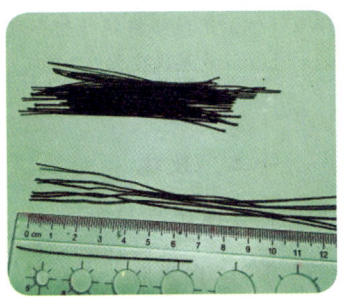

（19）如图剪出的叶片基本形。

（20）将叶片边缘剪成类似波浪的小锯齿状。

（21）截取若干段叶脉铁丝，短8cm左右，长16cm左右。

（22）将两片单叶与铁丝粘成一片完整单花叶（有叶柄叶面）。

（23）做好的花叶。

（24）将图（23）中花叶按照两短一长组合成如图造型。

（25）用丝线将花叶组合在花杆上，注意层次变化。

（26）用深绿色胶带缠绕花杆。

（27）同样方法制作一花骨朵，将花骨朵与图（26）组合在一起，使月季花看起来更真实自然。

十二、玫瑰

1. 玫瑰工具材料

剪刀、白乳胶、千枚通、纸胶带（深绿）、丝线、手揉纸（玫红色、深绿色）、面剪纸、泡沫花苞、2#花杆、26#叶脉铁丝。

2. 玫瑰花制作步骤

 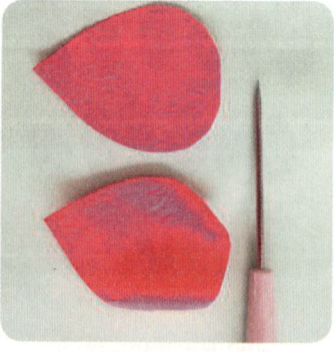 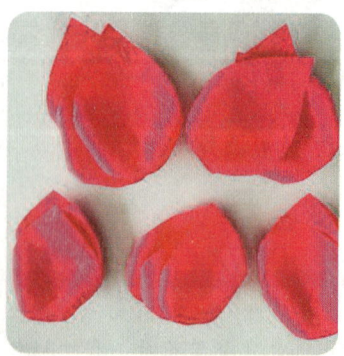

（1）如图用花瓣模板剪出花瓣（每朵需15～18片）。

（2）用千枚通把花瓣左右上角向后卷，中心向前呈碗状造型（可参考月季花瓣）。

（3）如图做出15～18片花瓣，每三片一组。

（4）将泡沫花苞用白乳胶与花杆连接，准备粘第一层三片花瓣。

（5）第一层花瓣因为要包住花苞，所以花瓣里面要涂满白乳胶。

（6）如图粘贴第一片花瓣。

（7）第一层花瓣要一片压着一片成螺旋状包完泡沫花苞。

（8）用此方法粘贴第二层（第二层花瓣完成图）。

（9）用此方法粘贴第三层（第三层花瓣完成图）。

（10）粘第四、五层花瓣的白乳胶要少涂一些，花瓣的上部不要涂。

（11）第四、五层花瓣粘好后正面图。

（12）第四、五层花瓣粘好后侧面图。

(13) 用面巾纸裹住花瓣下面花杆做花萼部分的打底。

(14) 用5cm宽的深绿色手揉纸剪成如图锯齿状做花萼。

(15) 粘好后的花萼。

(16) 用模板剪出玫瑰单叶。

(17) 将叶片周围剪成尖锯齿状，与月季叶区别开。

(18) 将两片单叶如图与铁丝粘好，铁丝长10cm左右，每朵花需要3～6片粘好的花叶。

(19) 将叶片三片一组，一层3片，有层次地围绕花杆用丝线扎好，然后再用绿色胶带裹紧花杆。

十三、牡丹

1. 牡丹工具材料

剪刀、白乳胶、直尺、丝线、千枚通、渐变色系4~5种纸藤花瓣（浅粉、红粉、粉红、玫红）、花叶纸藤（宝蓝）、面巾纸、玻璃珠、3#花杆、26#叶脉铁丝、深绿色记号笔。

2. 牡丹花制作步骤

（1）准备好花瓣花叶模板，花瓣模板四个，花叶模板一个。

（2）用浅粉色纸藤按照模板长度剪三段。

（3）每段纸藤折叠后可剪三片花瓣，第一层需6~8片花瓣。

（4）用千枚通按照此图将花瓣卷曲并做出肌理感。

（5）如图完成的第一层花瓣。

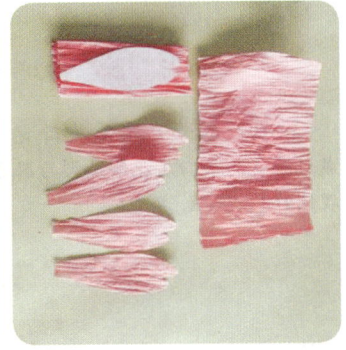

（6）同样方法剪出第二层红粉色花瓣，第二层共需12片左右。

（13）用千枚通给第二层花瓣卷曲并做出肌理感。

（14）如图完成的第二层花瓣。

（15）粉红色纸藤剪出第三层花瓣，需8片左右。

（16）千枚通对花瓣进行卷曲与肌理处理。第三层花瓣造型参考月季花花瓣。

（17）完成后的第三层花瓣。

（18）玫红色纸藤剪出第四层12～20片花瓣。

（19）参考月季花花瓣完成牡丹花的第四层花瓣造型与肌理制作。

（20）取整根2#花杆，将花杆上端5cm处外罩纸用剪刀取下，将玻璃珠穿在花杆上，如图（21）。

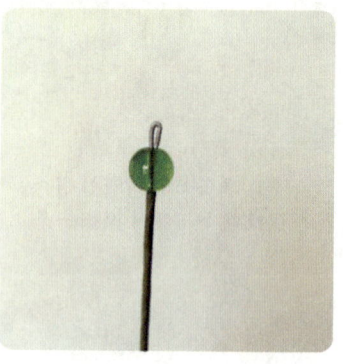

（21）

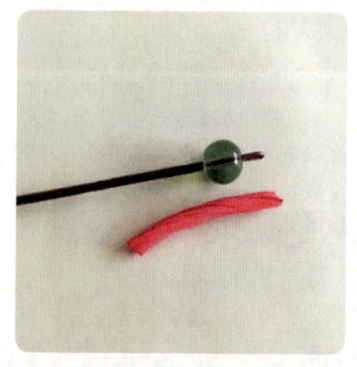

（22）剪8cm长玫红色纸藤做花心。

（23）将纸藤打开用丝线包在玻璃球外面，如图。

（24）8cm浅黄色纸藤剪成图中流苏状包在图（23）外面，如图（25）。

（25）

（26）准备花心与第一层花瓣。

（27）将第一层8片花瓣分两小层扎在花心外围。

（28）扎第二层红粉色花瓣，花瓣间可有1/3处重合。

（29）同（28）扎第三层粉红色花瓣。

（30）扎第四层玫红色花瓣，可根据花型扎2～3小层。

（31）用面巾纸做花萼处打底。

（32）用深绿色纸藤剪出花萼。

（33）如图用千枚通做出花萼造型。

（34）如图将花萼用丝线和深绿色胶带扎在花杆上。

（35）准备一个大泡沫花苞和纸藤（粉红、玫红）。

（36）用第四层花瓣模板剪粉红和玫红花瓣各6片。

（37）用千枚通做花瓣造型与肌理（方法同上）。

（38）里圈粉红色花瓣涂满白乳胶，分两层粘到花苞上，花瓣造型方向可随意摆，如图(39)。

（39）

（40）玫红色花瓣上部分。

（41）组装花萼。

（42）用宝蓝色纸藤按模板剪出花叶（为了介绍染色技法，用蓝色代替绿色）。不涂胶粘在外围1~2圈。

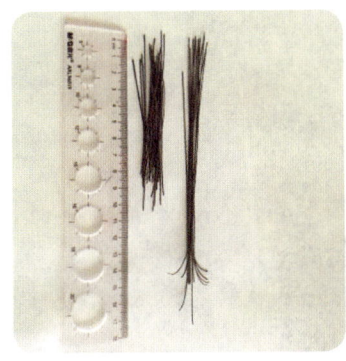
（43）准备12cm、20cm左右长26#叶脉铁丝若干。

（44）参考月季花叶制作牡丹花叶。

（45）用绿色记号笔把蓝色花叶染成绿色（在没有绿色的时候用此技法）。

（46）组合花叶。

（47）将花朵、花苞、花叶组合完成。

十四、蝴蝶兰

1. 蝴蝶兰工具材料

剪刀、白乳胶、纸胶带（浅绿、深绿）、直尺、千枚通、纸藤（奶白色、玫红色）、皱纹纸（黄、浅绿、深绿）、面巾纸、18#花杆、26#叶脉铁丝。

2. 蝴蝶兰制作步骤

（1）如图用黄色皱纹纸和26#铁丝做花心。

（2）剪取2cm×8cm玫红色纸藤做成蝴蝶结状粘在图（1）上完成花心制作。

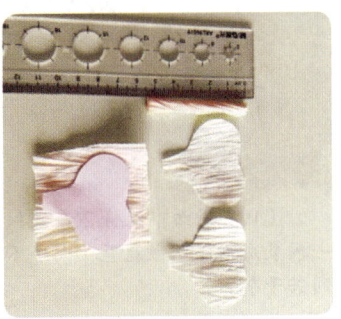
（3）剪取5cm～6cm奶白色纸藤用模板剪出蝴蝶兰大花瓣。

 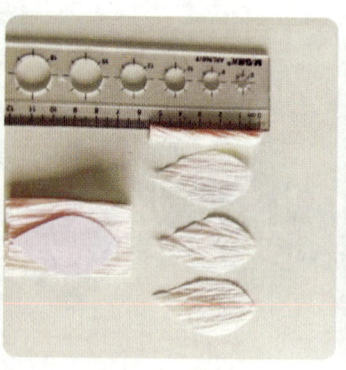 

（4）用千枚通将平面花瓣花瓣做出一定弧度如上图。

（5）同图（3）剪出三片小花瓣。

（6）同图（4）对小做出弧度。

（7）将两片大花瓣、三片小花瓣和花心组合。

（8）先对称扎大花瓣。

（9）再扎外面三片小花瓣，接着用浅绿色胶带将花杆裹实，单朵花完成。

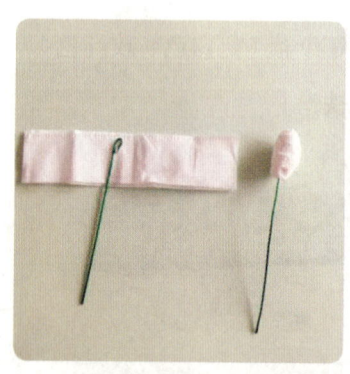  

（10）用面巾纸将26#铁丝一段裹成水滴状做花苞（大小不同若干个）。

（11）用浅色皱纹纸将面巾纸包裹的花苞再进行包扎，再用浅绿色胶带裹紧花杆。

（12）将准备好的花杆、花朵和花苞进行组合如图（13）。

（13）

（14）用深绿色皱纹纸剪出四篇大花叶和四片小花叶。

（15）将其中两片大小相同花叶和叶脉铁丝用白乳胶粘在一起，共做4片（两大两小）。

（16）将花枝与花叶组合好后插入花瓶中。

十五、桔梗花

1. 桔梗花工具材料

剪刀、白乳胶、纸胶带（深绿色）、丝线、直尺、皱纹纸（紫粉色、中黄色、深绿色、黄绿色）、面巾纸、泡沫花苞、2#花杆、26#叶脉铁丝。

2. 桔梗花制作步骤

（1）剪宽8cm～9cm紫粉色皱纹纸纸条做花。

（2）用花瓣模板剪出花瓣，每朵桔梗需六片花瓣。

（3）将花瓣上端用手自然拉伸如图状。

111

  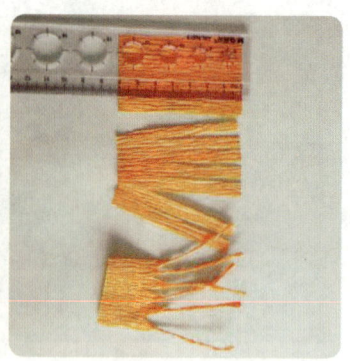

（4）将花瓣如图中重叠粘贴好。　　（5）把图（4）两端粘起来，使花瓣成喇叭状。　　（6）剪4cm×7cm黄色皱纹纸剪成长流苏状做花蕊。

（7）将花蕊粘在花杆一端。　　（8）从花杆下方将花瓣粘到花蕊外并细线扎紧，如图（9）。　　（9）

（10）用面巾和白乳胶纸填充花萼位置，如图（11）。　　（11）　　（12）剪6cm×8cm深绿色皱纹纸做花萼。

（13）如图将花萼粘好色。苞和花杆粘紧。

（14）用白乳胶将泡沫花皱纹纸剪三片内花瓣。

（15）用5cm×10cm黄绿包裹花苞如图（16）。

（16）花萼做法参考花瓣。

（17）如图做六片10cm长花叶。

（18）将花叶自然弯曲。

（19）（20）将花叶用细线和胶带扎在花杆上。

（20）

（21）组合花朵完成。

后　记

　　手工制作是学前教育专业中的一项重要教学活动，是普通高校学前教育专业和幼儿师范院校学生的教育技能课程之一。在幼儿园中，学前儿童不仅要在老师的带领下完成各种手工制作活动，而且幼儿园的教育环境创设与学前儿童的日常生活息息相关，在平时教学中玩教具的设计更离不开手工制作。幼儿园手工根据材料来分，一般可以分为纸工、泥工、布工和废旧物品工。因纸张廉价易得，可塑性强，所以在学前教育专业及幼儿园手工制作中应用较为广泛。

　　本教材依据幼儿教育教学的实际情况编写，在内容的选取上遵循难易适中、学以致用的原则，着重培养学生的纸艺操作技巧和应用技能。具体内容包含了大量学生和作者的优秀纸艺作品以及配套的步骤讲解，便于师生理解。通过对各种纸艺基本技法和制作方法的学习，可以使学生举一反三、触类旁通、开拓思路，增强创造能力和职业能力。通过对本书的学习，学生不仅可以掌握各类纸艺技法，而且能开阔视野，提高自己在艺术人文方面的素质和审美能力。本书是我校学前教育专业艺术技能类课程的教材，也可作为幼儿园美术教育及业余爱好者的参考读物。

　　本书的编著得到学校各位领导的大力支持，特别是史余强校长、陆剑波校长、学前教育研究所朱海燕主任、教务处南志国处长及学前教育二系高凯主任，他们给予了极大的关心和帮助，再次表示诚挚的感谢！

　　本书中的作品是作者在日常教学和实训中，由学生创作完成的。作品的主要提供者包括学前教育专业10级至15级的各班优秀学生，限于篇幅，对提供选用的作品图片的学生未能在书中一一注明。同时，因时间关系，本书中少数图片从网上下载，还有几张图片拍摄于已出版的书籍，在此表示歉意和感谢！

　　由于作者水平和时间有限，教材难免有疏漏和不当之处，敬请教材使用者多多提出宝贵意见。

编者
2018年8月18日